航行をはじめた
専門職大学院

Yoshida Aya　Hashimoto Koichi
吉田 文・橋本鉱市【著】

東信堂

はしがき

　今、この時しか記録できないものがある。それは何かが誕生する、何かが始まるという、その瞬間である。動き始めたこの時に立ち会っている者しか見えないものを、繋ぎとめておきたい。この共同プロジェクトは、こうした思いを共にする2人で始まった。

　誕生して始まる何かとは、タイトルのとおり専門職大学院である。日本の高等教育における新たなセクターが制度化され、その制度のもとで専門職大学院が続々と設立されていくというこの時をどのように記すか、思いが先行する割には、その方法を確定するのは難題であった。すなわち、同時代的に立ち会っている者には、制度化に至る過程、専門職大学院が設立される過程に、関係者の様々な思惑が絡み合い、駆け引きがなされ、意外な形で決着がついたりといった、今しか見ることのできない場面に多々遭遇することができる。しかし、それを事細かに記録するだけでは、研究としての価値は半減する。事実を事実として記録するというよりも、事実に如何に意味を付与するかが課題だからである。そこで、日本や世界の高等教育システムの動向に位置づけて、今始まりつつあることの意味を包括的に考察することで、課題に応えようとした。ミクロに生起する現実をマクロな視点で切り取る、マクロなトレンドをミクロな個別場面で再考するといった、ミクロとマクロの往復を繰り返すことで、専門職大学院の始まりの時を記すことを意図した。

　専門職大学院は、大学院修了者が労働市場においてどのような役割を果たすのか、そのためには大学院においてどのような知識・技術を教えるべきかという視点で教育内容や方法が編成されるというところに、これまでの大学および大学院教育と一線を画した、専門職大学院としての特徴がある。従来、

大学および大学院教育の多くは、医学教育など一部の領域を除いて、それぞれの学部や学科、研究科や専攻などのよって立つ専門学問を中心にカリキュラム編成を行ってきたからである。高等教育における教育内容が、労働市場における職業遂行能力との関連で問われ、関連性の度合いが大学院の評価に結びつくというメカニズムがこれだけ組織的に働くことは、日本の高等教育にとってはじめての経験であるといってよいだろう。

しかし、現実の専門職大学院は「専門職」を養成することを目的としつつも、一方で、専門職として社会的認知がなされていない、専門職従事者の団体がない、他方で、専門職大学院を修了しても「専門職」に従事できない確率が高いなど、大学院と専門職業との間の齟齬をそれぞれに抱えつつ出発した。それぞれの分野によって置かれた状況は異なるものの、総体としてみたとき、教育システムと職業システムの接続は決してスムースではない。そこで本書は、そうした問題と葛藤しながらも、個々の専門職大学院はそれに対してどのように挑戦しているかを、入学者募集からはじまり、教育課程の編成、大学院生の教育、大学院生の労働市場への送り出し、すなわち、インプットースループットーアウトプットというサイクルに着目し、問題状況とそれへの対応状況を把握しようとした。インプットースループットーアウトプットという側面を設定すれば、それに沿って日本の高等教育システムへのインパクト、高等教育の世界的なトレンドとのかかわりといったマクロな課題についても、その側面に沿って広げていくことができると考えた。

われわれは、専門職大学院の出発を航海にたとえた。新たに建設された船がドックを出て進水し、海図を頼りに自らの舵取りで航海を始める、そこには多難な日々が待ち受けている、座礁することなく目的とする港に到着できるのか。専門職大学院が制度化される過程、個別機関が創設されて教育を始める過程は、まさに航海のドラマの比喩がもっとも理解を容易にしてくれるのである。

本書のうち、個別の専門職大学院を扱った第4章は、いわばミクロな次元での分析であり、その他の章は、専門職大学院をマクロな視点で分析したものである。第4章でとりあげた機関のほとんどは、リクルート社の『カレッジ・

マネジメント』に 2 人で交互に連載したものに、加筆修正を加えたものである。個別機関の訪問調査で得た情報をもとに、専門職大学院を総体としてどのように把握するかを議論し、その他の章を執筆するという、まさしくミクロとマクロとの同時平行的な往復の結果がこのような形になった。第 4 章以外は本書のための書下ろしである。第 4 章の初出については「あとがき」に一覧として記すが、訪問調査に応じていただいた機関には心より感謝する次第である。上述の制度的な齟齬は、個別機関にとってはあまり見せたくない状況であるにもかかわらず、それがどのような形で生じているかを教えていただいたことが、マクロなレベルで専門職大学院を考えるうえできわめて役にたった。この場を借りてあらためてお礼申し上げたい。なお、文部科学省による「専門職大学院」に関する委託研究も制度発足後進められ、われわれもその調査・分析に関わってきたが、個別情報の制約のため、本書ではそれらのデータを十分に活かすことができなかった。

　未だ、行方定まらない専門職大学院であるが、まずは、どのように航海をはじめ、どのような課題に立ち向かっているか、その現実を以下の各章で知っていただきたく思う。

吉田　　文
橋本　鉱市

航行をはじめた専門職大学院／目次

はしがき …………………………………………………………………… i

第1章　本書の目的と分析の視点 ………………………………… 3
 1. 本書の目的 ……………………………………………………… 3
 2. 先行研究の検討 ………………………………………………… 4
 3. 分析の枠組み …………………………………………………… 8
 4. 本書の構成 ……………………………………………………… 15

第2章　進水までの工程——政策と制度 ………………………… 19
 1. 設立の背景 ……………………………………………………… 20
 2. 制度・教育内容・評価 ………………………………………… 28

第3章　甲板上の乗組員——学生と教員 ………………………… 49
 1. 学生層 …………………………………………………………… 49
 2. 教員層 …………………………………………………………… 66

第4章　それぞれの舵取り ………………………………………… 73
 1. 事例機関の分類と枠組み ……………………………………… 73
 2. 日本初、助産師養成のための専門職大学院 ………………… 77
  ——天使大学大学院助産研究科
 3. 法科大学院は司法試験を超えられるか ……………………… 85
  ——駿河台大学大学院法務研究科
 4. 教育理念と試験制度の狭間を進む …………………………… 93
  ——関西学院大学会計大学院
 5. 伝統と実績の上にさらなる飛躍を図る ……………………… 101
  ——創価大学教職専門職大学院
 6. 技術を戦略する ………………………………………………… 108
  ——芝浦工業大学大学院マネジメント研究科
 7. 「公」と「私」をつなぐ人材育成 …………………………… 116
  ——早稲田大学公共経営専門職大学院
 8. エビデンスを基礎とした社会医学をめざす ………………… 123

　　　　──京都大学社会健康医学系大学院
　9. アジアNo.1のビジネススクールをめざす ……………………131
　　　　──グロービス経営大学院大学（経営研究科経営専攻）
　10. グローバルな視野をもったローカルな起業人材の育成 ……138
　　　　──事業創造大学院大学
　11. 出口ニーズに見合うIT人材の育成 …………………………146
　　　　──神戸情報大学院大学
　12. プロデューサーをプロデュース ………………………………154
　　　　──映画専門大学院大学
　13. 事例からみえた特色 ……………………………………………161
　　　　──入学者、教育課程、専門職育成

第5章　次の港に到着するまで──課題と展望 ……………………165
　1. 設置者と市場化 …………………………………………………166
　2. 専門職育成と知識社会化 ………………………………………170
　3. 認証評価とグローバル化 ………………………………………172

あとがき ………………………………………………………………………177
索　引 …………………………………………………………………………180

航行をはじめた専門職大学院

第1章　本書の目的と分析の視点

1. 本書の目的

　2002（平成14）年の中央教育審議会の答申を受けて、2003（平成15）年に制度化され、わが国の高等教育に新たなセクターが登場した。専門職大学院である。2003年の10専攻から2009（平成21）年の128専攻へとわずか6年間で急激に拡大し、2009年現在、大学院修士・博士課程の全入学者に対して、専門職学位課程入学者は約10％を占めている。またたくまに高等教育の1セクターを構成するに至った。

　高度専門職業人の養成という専門職大学院のコンセプトは、従来の日本の大学および大学院には、医学系などごく一部を除いてきわめて希薄であった。日本にはモデルとする大学や大学院がないなかで、個々の専門職大学院は、どのようにミッションを構築し、それを教育課程に体現し、従来の大学および大学院と異なるどのような特色をもった教育を行っているのか。航行をはじめた専門職大学院の舵取りの状況を、いくつかの事例をインテンシブにみることで、専門職大学院がどのようにわが国の高等教育の1セクターとして形成されているのかを検討することが本書の目的である。

　専門職大学院制度そのものが新しいこともあって、当然ながら関連する先行研究は少なく、その多くが制度化前後になされた新制度の可能性と課題を論じた研究か、あるいは、個別の専門領域の範囲での可能性と課題を検討したものとなっている。専門職大学院を高等教育システムに位置づけて包括的に分析したものは、以下でとりあげる天野の研究を除いてはない。その天野

の研究も、制度化前後になされているため、可能性と課題を論じた研究である。したがって、専門職大学院は発足後、どのように機能しているか、それらは高等教育システムの1つのセクターとしてどのように位置づいているか、また、専門職大学院から現代の日本の高等教育のどのような問題が見えてくるのか、といった視点でもってなされた研究は、本書がはじめてであるといってよい。

　こうしたスタンスに立つ本書であるが、分析の枠組みを設定するために、先行研究の知見を整理しておこう。

2. 先行研究の検討

　上述したように、専門職大学院を、日本の高等教育システムに位置づけて包括的に扱った研究としては、天野によるものが唯一である（天野　2002、2004、2005）。天野は、日本の高等教育の歴史的経緯と、そのなかで形成されてきた現在の構造的特質を踏まえて、幅広い視野から専門職大学院の制度化を検討している。そこでは、専門職大学院制度が、司法制度改革のなかから浮上した法科大学院構想とのすり合わせのために、1999（平成11）年に発足していた専門大学院制度を改変して制度化したという、いわばねじれ現象として登場したことを問題として指摘している。

　それは日本の高等教育が、専門職業教育をシステムのなかにどのように位置づけるかを曖昧なままにしてきたという歴史に由来するものであり、制度間の不整合が今後もたらすであろう問題を専門領域ごとに指摘している。それぞれの具体的問題について、法科大学院に関しては、大学院修了は法曹職参入の必要条件ではあるが十分条件ではないこと、すなわち大学院が法曹職参入を保証しない制度が将来もたらす問題を予期している。ビジネス系の専門職大学院では、従来は、それに相当する教育は学部段階で実施され大学院ではなく、しかも、労働市場において専門職として確立していない領域という問題がある。医療系は専門職として確立しているが、6年制の課程は、専門職大学院と同等の修業年限でありながら、学位としては学士の教育課程で

あるというちぐはぐな状態にある。工学系は既存の大学院修士課程が、実質的に技術者養成の機能を高めている。ただ、他方で研究者養成の機能ももち、専門職業人育成機能に特化しているわけではない。医療系や工学系など実質的に高度専門職業人教育に従事している領域は、専門職大学院に移行していないし、将来的にも移行する可能性は低い。これら制度間の不整合は、専門職大学院と既存の大学院修士課程や学部との関係が遠からず問われることを予想している。

　天野の研究を除くと、専門職大学院に関する研究はそれぞれ個別の専門領域に関する研究であり、ここでは、法科、ビジネス系、教職の3領域に限定して、制度化の段階でそれぞれの可能性と課題がどのように論じられたかをみておこう。

　法科大学院に関しては、その設立の段階から、法学部と法科大学院、法科大学院と司法試験との間の制度的な齟齬が問題となることが指摘されている（山田 2002、村上 2003、横山 2004、広渡 2004）。法曹職に就くためには法科大学院を経由することを必須の制度としたため、法学部は空洞化して解体するか、大学院進学の準備教育機関となるか、その性格の変更を余儀なくされるであろうことが危惧されている。また、専門職大学院の修了とは別に、従来の司法試験、司法研修所の修了試験という2回の試験はそのまま課されるため、法科大学院の学位は法曹職参入のための十分条件にはならないことは、法科大学院の存在意義に疑問が付されることになるのではないかと懸念されている。とくに後者の問題は、当初の法科大学院修了者の70〜80％が司法試験に合格することを想定した制度設計が、実際には法科大学院の入学定員の増加のために、合格率が30％程度にしかならないことが大きな問題として指摘されている。

　また、法科大学院の制度化の前提には、受験予備校における受験技術の習得とは異なり、自力で問題を考える力や実務的な応用力を涵養し、有能な法律家を育成するという期待があったのだが、司法試験などの試験の存在は、法科大学院の教育理念の貫徹を阻むのではないかとも危惧されている。

　ビジネス系の専門職大学院に関しては、MBAなどの学位が日本の労働市

場において定着するか否かが最大の懸案事項である。なぜなら、従来ビジネスの領域の教育は、学部の段階で担われてきたうえ、経済学部、経営学部、商学部などの教育が必ずしも専門職に必要な実践的な内容を含んでいたわけではなく、雇用側もそれを期待してはこなかったからである。

しかし、MBA取得者が別枠で採用される、すなわち、他よりも有利な条件で処遇される、といった状況が一部ではあれ生じていることや、産官学の連携によってMOT人材を育成しようとする動きなどを、ビジネス人材に対する社会的需要の現れとみて、将来の可能性を示唆するものがある（山田 2003、2004、大来 2007）。そのためには、ビジネス系専門職大学院が社会的認知を受けるほどの規模に拡大することが重要であるが、実際には大学院が経営を教えつつ、実は自らの経営を重視していない状況を問題とし、クリティカル・マスとなるための経営改革や教育改革の必要性が指摘されている（青井 2007）。

教職大学院は2003（平成15）年に制度化されたものの、機関の発足は2008年である。制度創設までの賛否両論をみれば、賛成の立場からは、教員養成が修士課程であることがグローバル・スタンダードとなっているなか、学校現場で求められる高度な実践力や企画力を育成し、日本の教員の専門職としての質の向上を図る必要があるとする議論がなされ（八尾坂 2004、佐藤 2005a、2005b、2005c）、多様な教育問題を抱えている現在こそ、教員の力量向上が必要だという（梶田 2005、2007）。他方で、教員養成系大学の大学院修士課程が定員割れしている現状に鑑み、教職大学院が創設されても現職教員が大学院教育を受けたいというインセンティブを持たないのではないかと懸念する意見もある（油布 2005）。制度化をチャンスとみて、従来の問題解決を図ろうとする立場と、制度化によって一気に問題は解決しないとする立場が交錯している。

これら3領域をまとめれば、法科大学院は、受験予備校における法曹教育の問題の解消を目的としつつも、アウトプットの場面で専門職業資格が取得できない確率が高いことを問題としており、その点は公認会計士の養成を目的とする会計大学院も同様である（浅野 2005、加古 2004、佐竹 2004、山浦

2004、平松・児島 2004)。また、MBAなどビジネス関連の専門職大学院は、アメリカのビジネス・スクールの教育を導入しても、それによって教育を受けた人材を専門職として処遇する社会的需要があるか否かという、やはりアウトプットの段階に懸念材料がある。これは、MOT、公共政策や公共経営系の専門職大学院も同様である (岡本 2005、森田 2004、縣 2007)。法科大学院の場合には、職業資格が取得できないことが、ビジネス系の場合には、職業資格がないことが懸念材料となっている。

　他方、教職大学院は、専門職として教育の高度化を図るという目的を掲げても、インプットの段階でそれに対する需要が増加しないであろうことが問題とされているが、それは、アウトプットの段階において専修免許状を取得しても、それに応じた処遇がなされていないことに起因するところが大きい。このように考えると、専門職大学院に進出した領域は、高度な専門職教育という目的にそって教育課程や方法に工夫を加えても、いずれもアウトプットの段階で「専門職」としての処遇に問題が生じることが指摘されているのである。

　ところで、少なくとも現段階では、専門職大学院の制度を利用した高度専門職業人の育成を行ってはいないが、大学院修士課程が高度な専門職業人の育成の機能を果たしてきた理工系や農学系、学部6年制の課程で国家資格をもつ専門職を養成していた医療系は、それぞれの領域から専門職大学院制度をどのようにみているのだろう。日本学術会議から出版されている月刊誌『学術の動向』では2004 (平成16) 年3月に「高度専門職業教育と日本社会」と題した特集を組んでいる。そこでは、理学系、農学系、保健医療系、看護系、臨床心理系などが取り上げられ、高度専門職業教育や専門職大学院の可能性について検討がなされているが、臨床心理系以外は、専門職大学院に対して積極的な姿勢をみせてはいない。

　その理由の1つは、専門職大学院が「専門職」育成の場になるのかという疑問である。それは、理学系の場合に端的に示されている。「ここで例として取り上げたレギュラトリーサイエンスのように、ある程度分野として確立している場合でも、少なくとも、わが国においては人材育成に関しての教育

方法についての具体像は曖昧である。さらに、将来的にどのような資格取得につながるかについては現在検討中の段階であり、また、その資格取得者に対する社会的な受け皿の大きさも現時点では測りにくい。このような状況では具体的な教育目標の設定自体難しいものがあろう。」(益田 2004、29頁) と指摘されているように、専門職像が曖昧であるために、そのための資格、資格取得に必要な教育が組織化できないことが、慎重な態度をとらせる原因になっているのである。

　もう1つの理由としては、すでに専門職養成の課程として既存の制度が整備されているというものである。医療系がそのケースに該当し、看護系では、「それ(高度専門職の育成：筆者注)に匹敵するものとして、現在、大学院の修士課程で行われている専門職看護師の育成が挙げられる。」(金川 2004、42頁)、医学系では、一般の学部卒業者を対象とした4年間のメディカルスクール構想に対しては、「この場合でもすでに普通の医学部を卒業する人に比して2年遅いわけで、これ以上遅れることはそれだけマイナス要因とみなされる危険があるからである。」(金沢 2007、59頁) と、既存の養成制度を専門職大学院制度に転換するメリットがないことを理由として挙げている。

　労働市場において専門職として確立されていないことを理由に参入に慎重な理工系、専門職が確立し、そのための教育システムが構築されていることを理由に参入に消極的な医療系、理由は全く対極的であるが、どちらにせよ労働市場における「専門職」の確立とそのための教育との関係が、専門職大学院の可能性と課題を解く鍵であるといってよい。

3. 分析の枠組み

　専門職大学院は、すでにその制度化の段階で、それぞれの専門領域に固有の問題があること、それは、いずれも大学院修了後に予定されている「専門職」としての処遇に関連していることを、先行研究は教えてくれる。すなわち、法科や会計専門職大学院のように「専門職」になれるかという課題、あるいは、ビジネス系や教職大学院のように「専門職」として認知されるかという課題

であり、いずれもアウトプットの段階に焦点がある。

　その課題への対処として、「専門職」育成に向けて教育課程をどのように編成するかというスループットの段階が次の課題となる。また、アウトプットがどのように機能するかによって、インプットの入学者の量や質にも影響するのであり、インプットによってスループットやアウトプットも変わってくるという、3者が循環する構図を描くことができる。そこで、インプット－スループット－アウトプットという3側面から個々の機関の実態を分析する。

　また、専門職大学院という新たな制度の登場によって、日本の高等教育システムはどのような影響を受けているのか、さらに、日本の高等教育システムの変容は、高等教育をめぐる世界的なトレンドに照らした場合、どのように位置づけることができるのか。専門職大学院を分析するインプット－スループット－アウトプットという3側面に対応させて、日本の高等教育システムに生じた変化と、そこに見られる世界的なトレンドについて考察することが必要である。

　このように課題を設定すると、専門職大学院の個別機関の分析が第1の次元、それを日本の高等教育システムの問題として検討するのが第2の次元、世界的なトレンドに位置づけて考察するのが第3の次元であり、同心円状の広がりをもつそれらをつなぎとめるのが、インプット－スループット－アウトプットという3つの分析視覚である（**図1-1**参照）。

　図1-1にみるように、日本の高等教育システムにおいて生じている変化は、インプットの側面では設置者の問題、スループットの側面では専門職育成の問題、アウトプットの側面では認証評価の問題を指摘することができる。それに対応する世界的なトレンドとは、市場化、知識社会化、グローバル化である。個別機関の分析は、第4章で詳細に検討するため、本章では、専門職大学院の登場で生じた日本の高等教育システムの変化と、それらから読み取ることのできる世界的なトレンドについて、インプット－スループット－アウトプットに即して簡単な見取り図を描くことにする。

　設置者の問題とは、専門職大学院の制度化と前後して、日本の大学の設置

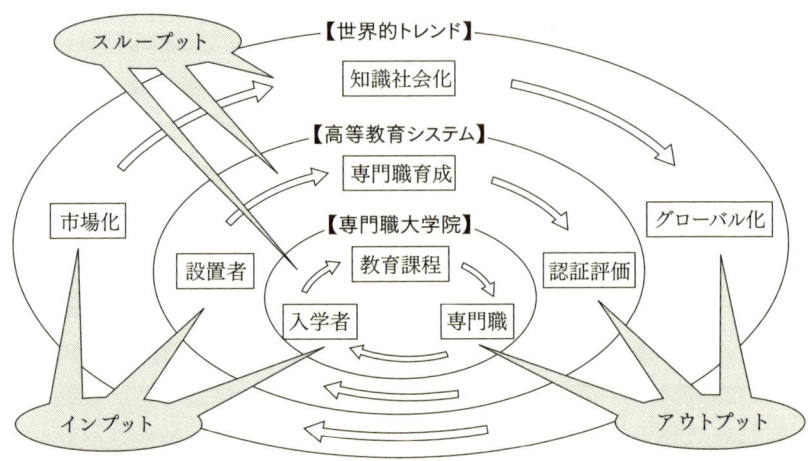

図1-1　本書の分析の枠組み

者に関する制限が緩和されたことである。これまで、正規の教育機関を設置できるのは、国、地方公共団体、学校法人に限定されていたが、2001 (平成13) 年に内閣府に設置された総合規制改革会議の議論において、教育機関への株式会社の参入が俎上にのぼったのである。株式会社が教育機関を設立する論理は、「消費者の多様な価値観、ニーズに応え得る豊富な教育サービスを提供しえるシステムを構築するため、教育主体の多様化を促進する必要がある。」(総合規制改革会議 2004) ということにあった。

　これに対して、文部科学省は、「学校教育は「公の性質」を有するものであり、その設置と運営は、国家、社会として責任を持って取り組むべき、きわめて公共性の高いものである。このような学校教育の性質に鑑み、営利を目的とする株式会社とは相容れないというのが我が省の主張であり、いかなる代替措置も講ずることはできないと考えている。」(文部科学省 2002a) と、強硬に反対の立場をとっていた。その理由は、「営利目的で事業を行う株式会社等が学校の設置者となることは、このような学校教育の性質に鑑みれば、きわめて不適切であるとともに、学校教育に必要とされる安定性・継続性が確保できない恐れがあることをはじめ、具体的にも多くの問題がある。また、株

式会社であっても学校法人を設立することにより大学等を設置することは可能であり、他方、学校法人制度においても収益事業の実施や債券発行など「民間的」な経営手法を駆使することができるため、株式会社に大学等の設置を認める必要性に乏しい。」(文部科学省 2002b) ということにある。

　消費者の多様なニーズに応えるという点から株式会社の参入を主張する総合規制改革会議に対し、教育の公共性を理念として掲げ、株式会社では教育機関に必要な安定性・継続性の点から反対する文部省であったが、内閣府の会議は文部科学省よりも一段上位に位置するという権限関係や、あらゆる社会的側面での規制改革の緩和を良しとする風潮から、株式会社の参入は構造改革特区における試行という限定つきで2003 (平成15) 年に解禁される。専門職大学院の制度化と同年である。

　結果として、株式会社は特区申請をしたいくつかの地域において大学を設置するが、そのほとんどが専門職大学院であった。しかも、学士課程をもたず、専門職学位課程のみを設置している場合が多い。なぜ、学士課程ではなく専門職大学院であるかといえば、それが廉価に設置できるということ尽きる。4年間の学士課程であれば、大学院と比較して教育課程を幅広く編成せねばならず、加えて日本の場合の学士課程はフルタイム学生を主たる構成員とするため、学生の生活の場としての施設の整備が必要であり、教員の配置や施設・設備の点でコストがかかる。営利を目的とする株式会社にとって、廉価に設置できるのが特区における専門職大学院なのであった。また、参入する株式会社の業種は、資格予備校や社会人の研修などを実施していた広義の教育産業であり、その経験を専門職大学院教育に延長することができるという点でも、コストが抑制できるというメリットがあった (吉田 2007)。

　高等教育に対して、その所轄官庁である文部科学省を超えて、内閣府に設置された会議、他省庁、産業界からの力が強くなっていくのが2000 (平成12) 年前後からの高等教育改革の特徴であるが (Yoshida 2008)、規制緩和という名の新自由主義的改革の現われの1つが、株式会社立大学の認可であり、同年に制度化された専門職大学院はその標的となった。

　教育が営利の対象であり、提供する教育プログラムは商品、学生はその商

品を購入する消費者、消費者のニーズを満たすのが教育の役割であり、ニーズに対応できない商品やそれを提供する教育機関は淘汰されるという、教育の市場化論理の普及は世界的なトレンドでもあり、日本では株式会社立大学にその論理がもっともよく現れているとみることができる。専門職大学院はいわば市場化の実験台にされたのであり、実験の成否を検討することが求められよう。

　スループットにおいて生じた変化とは、高度専門職業人の養成というミッションと対象とする学生層である。大学院の本格的な拡充政策がとられたのは1990（平成2）年代であるが、そのときでさえ大学院を職業人養成と結びつけた考え方は弱かった。1998（平成10）年の中央教育審議会の『21世紀の大学像と今後の改革方策について』においてはじめて、「高度専門職業人の養成に特化した修士課程」と、専門職大学院制度に先立つ専門大学院の設置に関して言及されたときも、既存の大学院制度を大きく変更することはなかった。それに対し、専門職大学院は、既存の大学院制度とは別の新たな制度として、すなわち設置基準も学位も新たに制度化して出発しており、そのことに高等教育において専門職業人の養成を積極的に促進しようとする政策的意図をみることができる。また、専門職業人となるべき学生層として、大学を卒業して労働市場に参入している、いわゆる社会人を想定していることにも特色がある。社会人を大学院教育の対象とする考え方も、日本の高等教育にとっては比較的新しく、社会人対象の制度改変の端緒もせいぜい1980（昭和55）年代の後半にしか遡ることができない。専門職大学院における養成の対象は、その延長において、しかし、より明確に社会人を専門職に向けて再教育・再訓練することと位置づけ、職業をもつ社会人の利便性に配慮して制度設計がなされた。

　ところで、専門職養成のための専門分野は、法科やビジネスなど社会科学系を中心としていることもこれまでになかった点である。日本の大学院修士課程は、もともと工学系を中心として拡大し、欧米の大学院と比較すると社会系、教育系の占める比重が小さいことを特徴としていた。それは社会系、教育系の人材養成機能が学士課程で十分とされてきたことを示すものであ

り、専門職大学院はそうした状況への対応を意図し、従来にない分野を中心に設立された（天野 2006）。

　こうした動向は、世界的なトレンドである知識社会化の日本における進展と捉えることができる。知識が富の直接的な源泉となることが発見され、知識をもった高度な労働者の育成を課題とする社会を知識社会とすれば、専門職大学院は社会人を対象にし、従来にない領域を中心に高度な職業教育・訓練を実施するという点において、まさしく知識社会を象徴するものと捉えることができる。知識経済、知識社会の重要性はわが国においても欧米と同様に産業界からつとに指摘されているものの、欧米と異なり、そのための労働力の高度化を目的とした再教育・再訓練を高等教育に委ねるという慣行はなかった。理工系の修士課程が拡充しても、そこへは学士課程の延長として進学する者が多く、社会人の再教育や専門職養成は必ずしも課題ではなかったからである。そこでこの新たな教育制度を、知識社会との関連で見る視点を提示したい。

　この社会人の再教育・再訓練を課題とする専門職大学院の制度化は、マーチン・トロウのモデルにしたがえば、ユニバーサル段階の特徴を典型的に示すということができる。トロウは、ユニバーサル化した高等教育に関して、とくに情報技術の発達が、誰もが生涯のどの段階でも高等教育機関への「在籍」ではなく、必要に応じてどこからでも「参加」が可能になるという意味で、ユニバーサル・パーティシペーションというコンセプトを提示している（トロウ 2000）。アメリカにおいては、情報技術をもっとも利用した高等教育セクターの1つが、プロフェッショナル・スクールである。時間と場所の壁を超えることのできるeラーニングは、社会人の学習の利便性を促進するからである（吉田 2003）。日本でも専門職大学院は、他のセクターと比較すればeラーニングの利用度は高く、学生マーケットを社会人に求めようとする戦略が働いている。一定期間、在籍してセットメニューで学習するのではなく、必要に応じてアラカルト方式で学習に参加するという、ユニバーサル段階の特徴は、高等教育のもっとも成熟した姿ということができよう。

　アウトプットとしては、認証評価の問題がある。これも、総合規制改革会

議における議論から発した制度改革である。そもそも、総合規制改革会議は「規制の緩和、撤廃及び事前規制型行政から事後チェック型行政に転換していくことに伴う新たなルールの創設、規制緩和の推進等に併せた競争政策の積極的な展開等について調査審議していくこと」を目的として設置された会議であり、ここでの議論を受けて、学校教育法が改正され、2004年からすべての高等教育機関は、認証評価機関による認証評価を受けることが義務づけられた。一般の大学などは機関別の評価を7年以内ごとに受けることとされたが、専門職大学院の場合、分野別の認証評価を5年以内ごとに受けることと区別された。評価にあたって、実務家の観点からの評価、即戦力としての人材育成ニーズがあることを踏まえた利用者の観点からの評価が、また、資格試験受験資格と連動する分野での質の保証など、評価の厳格さが求められたことが、7年ではなく5年以内ごとと規定された理由である。

ところが、法科大学院を除いて専門職大学院の認証評価機関として適切な専門職団体がない、とくに法科大学院に次いで多くを占めるビジネス系専門職大学院に関しては、そもそも日本ではビジネスは専門職としては確立しておらず、したがって専門職業団体がないというのが実情であった。そのなかで認証評価の正当性を高め、専門職大学院をオーソライズするための1つの方法が、視野を国外に向けることであった。すなわち、国際的に評価の高い欧米のビジネス系プロフェッショナル・スクールのアクレディテーション団体による認証を受ける、欧米のアクレディテーション団体の基準を援用して認証評価機関を設立する、国際連携によって認証評価機関を設立するなどの方法である。

これは高等教育のグローバル化を示すものである。教育のグローバル化には多様な場面があるが、教育内容や方法の評価基準を、世界的にみて威信が高いものに倣うというのも、グローバル化の現れである。こうした方法は、日本の専門職大学院の質の向上という観点から有効に機能する側面ではあるが、他方で、欧米流のカリキュラムの一層のグローバル化が進むこともなる。欧米流のカリキュラムの国際標準化が、日本のビジネスの現場とどのように切り結んでいくのかという問題が提起されよう。

専門職大学院の問題は、日本の高等教育システムや高等教育をとりまく世界的なトレンドとも関わりをもつ問題であり、そうした幅広い視野で専門職大学院捉え、分析の俎上に載せることが必要である。個々の機関の分析を通じて専門職大学院の機能を検討し、それを通じて日本の高等教育システムに生じている問題や世界的なトレンドを考察すること、本書のねらいはこうしたところにある。

4. 本書の構成

この第1章に続いて、第2章では、専門職大学院制度化の過程のポリティクスについて、国内外の動向を踏まえ分析を行う。専門職大学院の普及状況と、認証評価機関の設立までを分析する。第3章では、専門職大学院の在学者と教員の特色とその変化に関して、統計データをもとに分析し、問題点を析出する。文部科学省の指定統計である『学校基本調査』やその他の調査によるデータもきわめて限られており、たとえば、社会人学生や実務家教員の詳細を知ることはできない。既存のすべてのデータを利用して明らかになることがこの範囲である。

第4章は、事例分析であり、発足後数年を経過して現在どのように機能しているかを検討する。訪問調査による関係者へのヒアリングと収集した資料によって、合計11機関をとりあげて分析した。事例としてとりあげる基準に関しては、第4章に図式化して説明するが設置主体が伝統的な大学であるか新規参入した機関であるかと、専門職としての確立の程度の強弱から構成される4つの象限において、それぞれ代表例を選定した。事例分析においては、それぞれの機関に固有の条件を検討するなかで、できるだけ一般化できる視点を引き出すことに力を注いだ。

第5章は、専門職大学院が日本の高等教育システムにどのように位置づいているかを総括し、そのうえで、図1-1で示した世界的な規模で生じているトレンドがどのように現われているかを考察するものである。日本の高等教育は、日本の地理的位置や言語の問題からグローバルな影響から比較的隔絶

しているようにみえるものの、決して無縁ではないことが専門職大学院を通じてみることができる。

【引用文献】

青井倫一 (2007)「日本におけるビジネススクール―発展の戦略課題」『IDE 現代の高等教育』No. 493、31-36頁。
縣公一郎 (2007)「公共政策大学院の現状と展望」『IDE 現代の高等教育』No. 493、23-31頁。
浅野孝平 (2005)「専門職大学院の抱える課題と今後」『大学時報』304号、54-59頁。
天野郁夫 (2002)「専門職大学院の発足―その意味するもの―」『学術の動向』2004年3月号、日本学術会議、10-13頁。
天野郁夫 (2002)「専門職大学院の衝撃」『IDE 現代の高等教育』No. 445、9-15頁 (天野郁夫 (2006)『大学改革の社会学』玉川大学出版部に所収)。
天野郁夫 (2004)「専門職業教育と大学院政策」『大学財務経営研究』第1号、3-49頁。
天野郁夫 (2005)「日本の大学院問題」『IDE 現代の高等教育』No. 466、5-12頁 (天野郁夫 (2006)『大学改革の社会学』玉川大学出版部に所収)。
天野郁夫 (2006)『大学改革の社会学』玉川大学出版部。
大来雄二 (2007)「MOT 系の大学院」『IDE 現代の高等教育』No. 493、36-42頁。
岡本史紀 (2005)「専門職大学院と MOT 人材」『大学時報』300号、70-75頁。
加古宜士 (2004)「公認会計士法の改正と会計専門職大学院構想」『大学時報』297号、78-81頁。
梶田叡一 (2005)「学校教師の養成―当面の主要課題」『IDE 現代の高等教育』No. 472、17-23頁。
梶田叡一 (2007)「教職大学院の創設と教員の力量向上」『IDE 現代の高等教育』No. 472、51-55頁。
金川克子 (2004)「看護職における高度専門職教育」『学術の動向』2004年3月号、日本学術会議、41-44頁。
金沢一郎 (2007)「メディカルスクールの模索」『IDE 現代の高等教育』No. 493、55-60頁。
佐竹正幸 (2004)「会計専門職大学院への期待」『大学時報』297号、82-85頁。
佐藤 学 (2005a)「教育系専門職大学院の課題と可能性」『IDE 現代の高等教育』No. 466、63-67頁。
佐藤 学 (2005b)「「教職専門職大学院」のポリティックス―専門職化の可能性を探る」『現代思想』Vol. 33-4、98-111頁。
佐藤 学 (2005c)「教師の専門職性の高度化へ―改革の論理と政策」『IDE 現代の高等教育』No. 472、5-12頁。
総合規制改革会議 (2004)『総合規制改革会議の主な成果事例』(http://www8.cao.go.jp/

kisei/siryo/040324/2.pdf)。
トロウ，マーチン (2000)『高度情報社会の大学』玉川大学出版部。
平松一夫・児島幸治 (2004)「米国と日本のアカウンティング・スクール」『大学時報』297号、92-97頁。
広渡清吾 (2004)「法曹養成教育と法科大学院」『学術の動向』2004年3月号、日本学術会議、14-18頁。
益田祐一 (2004)「理学系分野における専門職大学院の可能性と問題点」『学術の動向』2004年3月号、日本学術会議、27-30頁。
村上政博 (2003)『法科大学院―弁護士が増える、社会が変わる』中央公論新社。
森田 朗 (2004)「公共政策大学院」『学術の動向』2004年3月号、日本学術会議、19-22頁。
文部科学省 (2002a)『再検討要請事項に対する各省庁の回答』(http://www.kantei.go.jp/jp/singi/kouzou/kouhyou/021001/siryou/2siryou08.pdf)。
文部科学省 (2002b)『構造改革特区の提案に対する各省庁からの回答等』(http://www.kantei.go.jp/jp/singi/kouzou/kouhyou/020925/siryou/2siryou08.pdf)。
八尾坂修 (2004)「教員資源の高度化と大学教育」『高等教育研究』第7集、49-69頁。
山浦久司 (2004)「アカウンティング・スクールの設置趣旨と教育」『大学時報』297号、86-91頁。
山田剛志 (2002)『法科大学院―日本型ロースクールとは何か』平凡社新書。
山田礼子 (2003)「大学院改革の動向―専門職大学院の整備と拡充―」『教育学研究』第70巻第2号、14-28頁。
山田礼子 (2004)「プロフェショナル化する社会と人材」『高等教育研究』第7集、23-47頁。
油布佐和子 (2005)「教員養成における大学院教育の現状と専門職大学院」『IDE現代の高等教育』No. 472、32-37頁。
横山晋一郎 (2004)「専門職大学院の動向と課題」『高等教育研究』第7集、115-133頁。
吉田 文 (2003)『アメリカ高等教育とeラーニング』東京電機大学出版部。
吉田 文 (2007)「「新規参入型」専門職大学院の現実」『IDE現代の高等教育』No. 493、60-64頁。
YOSHIDA, Aya (2008) "The Triumvirate Governing Japan's Higher Education Policy since the 1990S: perspectives on neo-liberalism," Higher Education Forum, Vol. 6, pp. 103-118.

第2章　進水までの工程——政策と制度

　専門職大学院制度は、高度専門職業人の養成を目的とし、それぞれの職業分野の特性に応じた応用的・実践的な教育を行うことを眼目として、2003（平成15）年に創設された。今年で、かれこれ7年目を迎えることになる。すでにその制度的な前身である「専門大学院」のもとで、経営管理(MBA)、会計、公共政策、公衆衛生などの分野が開設されていたが、これらに加えて、法曹養成の新たな制度となった法科大学院とともに、技術経営(MOT)、知的財産、臨床心理、助産、福祉マネジメント、映画、ファッションなど多様な領域が設置されてきた。2008（平成20）年度は新たに教職大学院も開設されるなど、2009（平成21）年度までに、新設分まで含めると129大学182専攻、入学定員も11,000名を超えており、積極的な制度的発展が図られてきたといってよい。
　この新たな大学院の最大のポイントは、「理論と実践との架橋」とのキャッチフレーズに見られるように、修士課程レベルでの理論（基礎知）と専門的職業の業務現場での実践（知）とのレリバンスを高め、両者を有機的に接合・融合した柔軟で実践的な教育を行うことにある。修業年限が1〜3年と幅を持って創出される専門職業人材は、社会のニーズにきめ細かくかつ的確に応えるべき即戦力が期待されている。また、その教育内容は、少人数教育、双方向的・多方向的な授業、事例研究、現地調査などの実践的な教育方法をとること、研究指導や論文審査は必須としないこと、これまでの研究主体の教員だけではなく「実務家教員」を一定割合置き、また定期的に第三者評価機関の適格認定を受けることなどが制度上定められており、これまでの研究主体の大学

院修士課程とは一線を画する機能や人材モデルが想定されている。

さて、このような制度的な特徴や教育内容については第2節で詳細にみることとして、飛躍的な進展を遂げるに至った、その設立の経緯や背景について概観しておこう。

1. 設立の背景

(1) 硬直的な大学院制度

まず、この新たな大学院制度が構想・創設された当時の国際的な情勢を振り返ってみよう。1990年代以降、社会経済の構造的変化と国際的な相互依存、世界的な規模での競争の中で、様々な分野に積極的に参画しうる人材の育成が求められるようになっていた。同時に国際的な職業資格の相互認証も問題化しており、その前提となる養成システム、とくに大学院での養成カリキュラム等の質と内容の相互通有性が課題となっていた。またEUにおいては、ボローニャ・プロセスにより国際的競争力という観点から、域内の高等教育の質保証の枠組み、共通性の創出の動きが急ピッチで進められており、その核となるのが大学院修士課程であると理解されていたことなどが、国際的な背景としてあげられよう (清水 2007)。

また国内的な状況としても、科学技術の進展や急速な技術革新、社会経済の急激な変化と多様化、高度化、グローバル化等を受け、高度専門職業人の養成機能を大学側に期待する要求が急速に高まってきていたことが背景として指摘できる。こうした要請は特定の専門的職業に就こうとする者や職業資格を必要とする者を養成・創出するだけでなく、既に職業に就いている者や資格を取得している者が更に高度の専門的知識や実務能力を修得できる継続教育、再教育の機会の提供に対するものも含め、様々な分野で高まってきていたのである (中教審大学分科会 2002)。

こうした国内外の趨勢の中、大学院の修士課程がクローズアップされ、新たな機能と役割が期待されるようになっていく。しかしわが国の修士課程教

育は、戦後改革以来、研究者養成という一翼を担っており、博士課程の前段階という性格が濃厚であった。たしかに、時代を経るとともにその役割も多様化し、工学系や薬学系などにみられるように、社会的需要や科学技術の進展に応じて技術者などの実務家養成の役割へと傾斜する分野もあり、1974（昭和49）年の大学院設置基準では、高度で専門的な職業能力を有する人材の養成がその目的の一つにも追加されることとなった。しかしながら、大学関係者の間では、研究者養成が修士課程の主たる機能であるという認識が、長い間支配的であったと言える（天野 2004）。そうした中から、専門職大学院の構想と制度が生まれてくる歴史を簡単に跡づけておこう。

(2) 修士課程の弾力化

　大学関係者の多くは大学院修士課程の職業大学院化への改革には消極的であったが、1986（昭和61）年、臨時教育審議会の第二次答申において、その拡充・整備の方向性が打ち出される。修士課程教育は「専門教育をさらに充実し、補強」し、「高度の専門職の養成と研修の場」としての役割を強化する方向が提起され、修業年限一年を標準とするなど社会に開かれた弾力的な措置を積極的に講ずることが提唱されたのである。そこでは生涯学習体系化の観点から社会人学生の受け入れが想定されていた。

　こうした社会人学生の高度専門教育を主眼とした大学院拡充の方針は、1988（昭和63）年の大学審議会の最初の答申「大学院制度の弾力化について」に引き継がれた。この答申では、修士課程で「社会人の受け入れを積極的にすすめていくため」、最短一年での修了、夜間やその他の特定の時間での授業・研究指導、修士論文免除の特例、単位互換の促進、大学院再入学者の既修単位の認定など、社会人の就学を容易にする具体的な「弾力化」方策が提言されている。その後、この答申にもとづいて夜間大学院制度など大学院設置基準の大幅な改定がなされ、とくに経営管理系を中心として、社会人をターゲットとした大学院教育の量的拡大が進んでいくこととなった（山田 2003）。

　続いて1991（平成3）年、大学審議会は「大学院の整備充実について」を答

申、専門職業人養成のための大学院の量的拡大を明確に打ち出した。答申では大学院の担うべき役割として、「学術研究の推進と国際的貢献」、「優れた研究者の養成」、「高度な専門的知識、能力を持つ職業人の養成と再教育」、「国際化の進展への対応」といった四点を上げており、大学院教育はグローバル化・国際化に対応するための高度専門的職業人養成の場として位置づけられたのであり、社会人学生の生涯学習社会化という観点から大きく踏み出したとも言えよう。その半年後に出された答申「大学院の量的整備について」では、さらに「人文科学、社会科学関係」の高度専門的職業に関わる人材養成の必要が強調され、特に、「人間科学、カウンセリング、国際関係、地域研究、実務法学、社会情報システム、経営システム科学、現職教員のリカレント教育」の領域をあげて、「既に需要が顕在化しつつあり、今後、ますます増大するものと予想される」としている。実際に、この答申を受ける形で、上記の分野での大学院の開設が全国レベルで進んでいく。

　1996（平成8）年、大学審議会は「大学院の教育研究の質的向上に関する審議のまとめ」という報告を出す。ある意味で、1980年代終わりから高度職業人養成に関する議論が開始され、また2000年代に入って制度として具現化されていくちょうど10年間における中間報告とも言うべきものである。そこでは、未だなお大学関係者には研究者養成が中心であるという従来の意識が強く、「高度専門職業人の養成や社会人の再教育の機能面では、教育研究の内容や開設科目が社会のニーズに必ずしも合っているとは言えないものもある」として、産業界から求められている特定分野の専門的な知識、創造力、問題解決能力や、さらには実務能力や即戦力の養成が期待されると総括している。

(3) 高度専門職業人養成の「制度」

　このように、大学院制度は90年代に入ってから改革が進展してきたものの、高度専門職業人の養成については、依然として制度的には既存の修士課程のスキームを出るものではなかった。

　しかし1998（平成10）年、大学審議会は高度職業人養成の制度設計の画期

ともなる「21世紀の大学像と今後の改革方針について」を答申する。このなかで人文・社会系の人材需要は圧倒的に学部卒中心であることを指摘、人文・社会系の学部段階の専門職業教育自体が体系的・構造的であるとは言い難いことから、既存の大学院とは別に「高度専門職業教育」に特化した実践的な教育を行う新しいタイプの修士課程大学院の制度化を、明確に打ち出したのである。そして、2000（平成12）年11月の大学審議会答申「グローバル化時代に求められる高等教育の在り方について」で、学部段階における幅広い教養教育を基礎とした高度専門職業人養成を目的とした「専門大学院」制度の確立を提言するに至る。

これを受けて、高度専門職業人養成に特化した実践的な教育を行う大学院修士課程として、2002（平成14）年までに経営管理、会計、ファイナンス、公衆衛生、医療経営などの分野で、一橋大学、神戸大学、九州大学など10大学10研究科が設置されるに至る（**表2-1**参照）。専任教員中に実務家教員を

表2-1　専門職大学院へ移行した専門大学院

設置者区分	入学定員	大学院名	研究科・専攻名
国立（国立大学法人）	85	一橋大学	国際企業戦略研究科 経営・金融専攻
国立（国立大学法人）	54	神戸大学	経営学研究科 現代経営学専攻
国立（国立大学法人）	45	九州大学	経済学教育部 産業マネジメント専攻
学校法人	100	青山学院大学	国際マネジメント研究科 国際マネジメント専攻
学校法人	28	芝浦工業大学	工学マネジメント研究科 工学マネジメント専攻
学校法人	150	早稲田大学	アジア太平洋研究科 国際経営学専攻
学校法人	100	中央大学	国際会計研究科 国際会計専攻
学校法人	50	早稲田大学	公共経営研究科
国立（国立大学法人）	22	京都大学	医学研究科 社会健康医学系専攻
国立（国立大学法人）	20	九州大学	医学系教育部 医療経営・管理学専攻

※国立大学法人は、申請時は国立大学である。

表2-2 大学院修士課程と専門職大学院の制度の比較

	大学院修士課程	専門大学院	専門職大学院	法科大学院	教職大学院
標準修業年限	2年	同左	2年または1年以上2年未満の期間で各大学が定める	3年（法学既習者は1年以下の短縮可能）	2年まだは1年以上2年未満の期間で各大学が定める
修了要件	修業年限以上の在学	同左	同左	同左	同左
	30単位以上の修得	同左	30単位以上の修得、その他の教育課程の履修	93単位以上	45単位以上（うち10単位以上は学校等での実習）
	研究指導	同左	必須としない	同左	同左
	修士論文審査	特定課題研究成果の審査	必須としない	同左	同左
教員組織	教育研究上必要な教員を配置	通常の修士課程の2倍の研究指導教員を配置	教育上必要な教員を配置	同左	同左
	研究指導教員及び研究指導補助教員を一定数以上配置	専任教員一人当たりの学生収容定員を2分の1として算出	高度の教育上の指導能力があると認められる専任教員を一定数以上配置（修士課程の研究指導教員数の1.5倍の数に、研究指導補助教員数を加えた数を置く）	同左	高度の教育上の指導能力があると認められる教員を一定数以上配置（教育学研究科教育専攻の研究指導教員数を参考に、この数（A）の1.5倍の数に、研究指導補助教員相当の数を加えた数を置く。(A)の2/3の教員数を置く数を置く）
	研究指導教員1人当たりの学生収容定員を分野ごとに規定	修士課程の研究指導教員1人当たりの学生収容定員の4分の3として規定	教員1人当たりの学生収容定員を	同左（専任教員一人当たり学生15人以下）	同左（専任教員一人当たり学生15人以下）
	実務家教員の必置規定なし	専任教員中の3割以上を実務家教員とする	必要専任教員中の3割以上を実務家教員とする	2割以上	4割以上
	学部、研究所等の教員等を兼ねることができる	専任教員中に実務家教員を相当数配置	専門職大学院の設置基準に算入する教員は、学部等設置上の教員数に入ってこない。ただし、学部等の授業科目の担当は可能（平成25年まで経過措置あり）。	同左	同左
具体的な授業方法	事例研究、討論、実地調査その他の適切な方法による授業	同左	事例研究、現地調査、双方向・多方向に行われる討論・質疑応答	事例研究、現地調査、双方向・多方向に行われる討論・質疑応答　少人数教育を基本（法律基本科目は50人が標準）	事例研究、現地調査、双方向・多方向に行われる討論・質疑応答　及び学校実習及び共通科目を必修
第三者評価	外部評価を義務付け	同左	各分野で継続的な第三者評価の義務付け（5年に1回）	継続的な第三者評価（適格認定）を義務付け（5年に1回）	継続的な第三者評価を義務付け（5年に1回）
学位	「修士（〇〇）」	—	「〇〇修士（専門職）」	「法務博士（専門職）」	教職修士（専門職）

＊天野（2004）および中央教育審議会大学分科会（2006）、文部科学省（2009）などから作成。

相当数配置し、教育内容面でも事例研究、討論、実地調査といった授業方法を打ち出し、また外部評価を義務付けるなど、この専門大学院制度はこれまでの大学院教育とはずいぶんと異なる特徴を持つ機関として立ち上げられたわけだが (**表2-2**参照)、しかしそれでもなお、既存の制度の修士課程の中の一類型として位置付けられていたため、標準修業年限は2年であり、また従来の研究指導・修士論文との関係から修了要件として特定の研究課題を課すなど、これまでの大学院教育の範疇を大きく出ることはなかった。こうして、高度な専門職業人を養成するための制度的な枠組みとしては、実質的な教育が展開しにくいとの制約や批判が、次第に指摘されるようになっていくのである。

　また、こうした高度専門職業人の養成の要望と必要性は、政府による他の提言・計画や実施面での方策にも密接に反映されていく。たとえば、2002 (平成14) 年の小泉内閣の『知的財産立国宣言』や構造改革特別区域法案の成立、設置認可の在り方の見直し[1]、2003 (平成15) 年以来の内閣府の『知的財産推進計画』、大学設置基準の改正 (校舎面積基準の引き下げによる大学院設置事業の全国対応化) など、専門大学院制度と併行して、次々と高度専門職業人養成のための政策的・制度的なバックアップ体制が敷かれていく。特に、構造改革特区の枠組みの中で「教育特区」を利用した株式会社による大学院設立がはじめて可能となり、後に専門職大学院として、ビジネス・ブレークスルー大学院大学、LCA大学院大学、グロービス経営大学院、LEC東京リーガルマインド大学大学院、日本教育大学院大学などが設立されていくことになる[2]。また経済産業省などの強力な後押しのもと、これまでにない専門領域の開拓が進んでいく。たとえば、第4章12節以降に見るように、日本における映画、音楽、アニメなどのコンテンツを世界市場に流通させるような映像系領域が、専門職大学院に開設されていくのである。

(4) 法科大学院構想の登場

　一方、こうした教育制度をめぐる流れとは全く別に、専門職を大学院レベ

ルで養成しようとする新たな構想が動き出しつつあった。法科大学院構想である。よく知られているように、熾烈な司法試験制度が戦前期から存続してきた法曹界では、法曹三者ともども教育プロセスを重視した養成システムへの転換を、この法科大学院に求めたのであった（詳しくは橋本編 2009参照）。確かに専門大学院に触発された部分はあるにしても（天野 2004、33頁）、その大学院レベルでの教育制度は、従来型の研究者養成の大学院やその延長線上にある専門大学院ではなく、既存の専門職養成のための養成機関というアメリカ型のプロフェッショナル・スクールに通じる全く新たな制度の模索の結果、登場してきたのである。その特徴は、司法制度改革審議会の意見書（司法制度改革審議会 2000）によれば、法曹養成に特化し、3カ年の修業年限を基本としながらも、法学部出身者以外のものや社会人の入学を許可するものだった。また教育内容の面では、実務教育の導入部分を実施し、そのための現役の法曹など実務家教員を一定数任用するというもので、修了者には独自の専門職学位（法務博士）を授与しつつ、司法試験の受験資格を認めて、合格率7〜8割（合格者数は3,000名）にもって行くことが想定されていた。

　唐突とも言うべき、この法科大学院構想は、専門大学院制度の全面的な見直しの議論を惹起させ、日本的なプロフェッショナル・スクールである新たな制度＝専門職大学院への発展的解消を図る方向へと繋がっていく。すなわち、中教審大学分科会は2002（平成14）年8月、「大学院における高度専門職業人養成について」と「法科大学院の設置基準等について」の2つの答申を提出する。前者において、中教審は専門大学院制度の不備を指摘し、専門職大学院への発展的移行を力説しているが、その制度的な内容は、専門大学院よりも法科大学院のそれに極めて近いことが明らかであり、中教審が弁明するような専門大学院制度からの内発的な発展形態というよりは、天野が指摘するように、「アメリカの『ロースクール』をモデルに司法制度改革の一環として突きつけられた、『法科大学院』構想との整合性をはかるために、必要とされた」（天野 2004、37頁）ものといって良いだろう。その意味で、専門職大学院制度と法科大学院の2つの答申が同時期に提出されたのは、いみじくもそうした事情を雄弁に物語っている。

(5) 政策の合流と新たな展開

　このように、専門大学院の発展形態とされる専門職大学院構想は、文教行政の外側から出てきた法科大学院構想に引きずられつつ、それを実体化するために中教審が提示したものと言っていいだろう（天野 2002）。法科大学院は、司法改革の観点から全く独自の形態で創設を図るという道もありえたが、根本的な大学改革を図り、新たな高等教育システム構築の重要な一環として法科大学院を位置づける、という道が選択されたのである（佐藤 2002）。「ロースクールというのはやはり司法においてきちっと自己完結をするロースクールであるべきだったと思うんですけれども、何かそんなのができるなというたら、文科省さんがぱくぱくと食らいついてくる」（第156回国会財務金融委員会第15号、平成15年5月16日、植田委員発言）といった発言を考え合わせれば、従来の大学院ならびに専門大学院のラディカルな改革・改編のブレークスルーとして、法科大学院構想に文科省が乗ったという見方も穿ちすぎではない。

　いずれにしても、専門職大学院制度は、政策案、政治、問題といったいくつかのストリームが合流した「政策の窓」的な要素を多分に秘めている[3]。しかし、この新たな制度を取り巻く政策議論は2003（平成15）年の新規開設を以て決着したわけではなく、今なお様々な分野を取り込みつつ、模索を続けているようである。すなわち、2008（平成20）年度には、法科に加えてあらたに教職大学院の設置が実現されることとなったのである。この分野の専門職大学院については、2006（平成18）年7月、中央教育審議会が「今後の教員養成・免許制度の在り方について」を答申して、教員が広く国民や社会から尊敬と信頼を得られる存在となるために、その養成制度の改革が最優先されるべきであるとして、実践的な指導力を備えた新人教員の養成とともに現職教員を対象としたスクールリーダーの養成の必要性を指摘し、教職大学院制度の創設を掲げたのである。

　これを受けて、同年9月の大学院部会では、「教職大学院については中教審（大学分科会）の審議を経て、専門職大学院設置基準等の省令を改正する」

と明言され[4]、実際に2007 (平成19)年3月、同基準等の改正に至り、2008 (平成20) 年4月からの開学が可能となったのである。基準内容については、法科大学院と同様に専門職大学院の中にありながらも、法科大学院以外の分野に包括されるのではなく、大きな差異があることがわかるが (表2-2参照)、この分野でも法科大学院と肩を並べる日本型のプロフェッショナル・スクールがめざされていると言えよう。

こうして専門職大学院は、その制度の中に、「法科大学院」、「教職大学院」、「その他の分野の専門職大学院」という設置基準の異なる大学院を包摂することになった。表2-2は、既存の大学院修士課程、専門大学院、専門職大学院、法科大学院、教職大学院のそれぞれの設置基準の相違について整理したものだが、同じ制度的な枠組みとはいえ、法科も教職も設置基準はその他の専門職大学院とは様々な点で異なっていることがわかる。また入学定員などの規模の点からみても、例外として括られた法科だけでその半数を占め、今後開設予定の教職大学院を含めると、こうした特定領域の方がむしろ大きいという不均衡な状況となる可能性もある。

2. 制度・教育内容・評価

そこで、同じ制度の下に開設されながらも設置基準が異なる3つの領域の相違に留意しつつ、専門職大学院のハード (制度・組織) とソフト (教育内容・方法)、そしてそれらの評価面について、その特色を考察しておこう。

(1) 制度・組織面

① 設置者

2004 (平成16) 年度から2009 (平成21) 年度までに開設された専門職大学院について、設置者別に法科、教職、それ以外の専門大学院ごとの専攻科数、定員 (平均) をみたものが図2-1である[5]。

まず開設専攻数は、法科については私立が国立の2倍以上を開設している

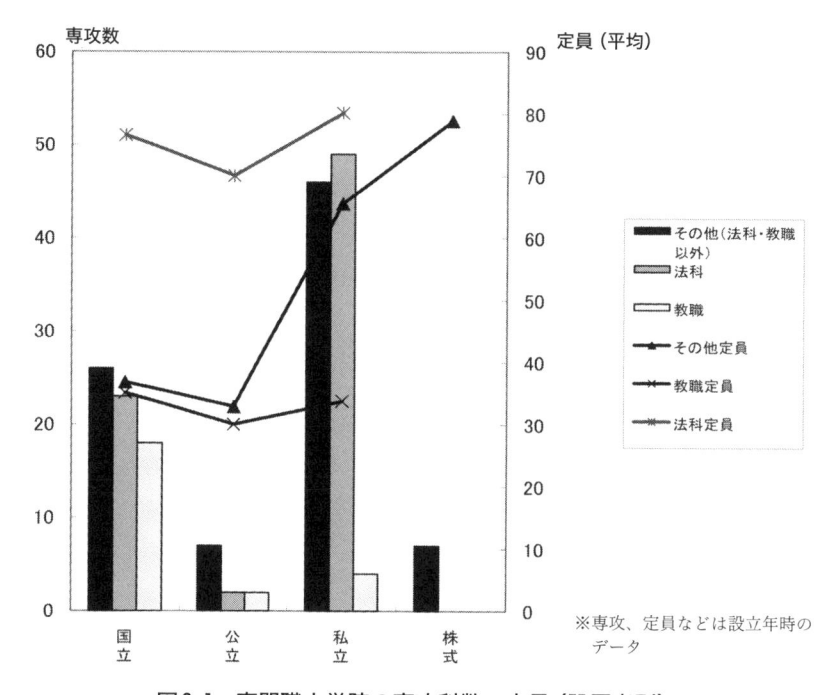

図2-1 専門職大学院の専攻科数、定員（設置者別）

一方で、教職については現在のところ国立がそのほとんどを占めていることがわかる。なお株式会社はこれらの分野での開設は皆無である。その他の専門領域では、**表2-3**にあるように私立ではビジネス、会計の分野での開設が多いため、国公立セクターに比べて2倍近い専攻を擁している。また各専攻科の定員をみてみると、法科、教職とも、設置者によって大きな差はないが、

表2-3 「その他」の領域の内訳（専攻数）

	ビジネス・MOT	会 計	公共政策	その他	計
国 立	11	2	5	8	26
公 立	1	2	0	4	7
私 立	16	12	3	15	46
株 式	4	1	0	2	7

注）「専門職大学院の教育研究活動に関する実態調査」について（中教審大学分科会（2007）より作成。

その他の専門領域では私立、株式会社立の定員は国公立に比べると2～3倍と多いことがわかる。これは私立、株式立では多数の学生を擁するビジネス、会計などの分野での開設が多いことが影響しており、専門職大学院においても、私立、株式立セクターでは、国公立に比べて学生からの授業料収入に依存する構造があることが示唆されている。

② 専門分野と養成モデル

現在、専門職大学院は法科や教職のように、法曹養成（弁護士、裁判官、検事、そのほかに企業・行政機関の法務担当など）、あるいは実践的な指導力・展開力を備えた新人教員とスクールリーダー（中核的・指導的な役割を担う教員）の育成といった将来の進路がある程度特定されている分野のほかに、ビジネス・MOT（技術経営：Management of Technology）、会計、公共政策、公衆衛生、臨床心理などの分野で開設されている。

年度別にみた設立状況は**図2-2**の通りである。法科大学院は2004（平成16）年度と2005（同17）年度に開設が集中しているが、他の専門分野（以下では、他領域と略記）では制度導入時点では10専攻に過ぎなかったが、ピーク時の

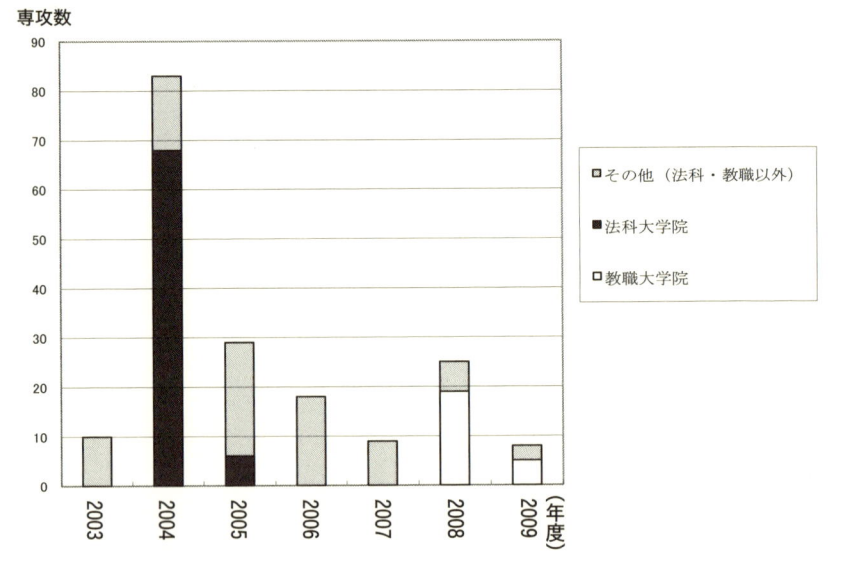

図2-2　年度別にみた設立状況

表2-4　年度別にみた設立状況

	2003 (H15)	2004 (H16)	2005 (H17)	2006 (H18)	2007 (H19)	2008 (H20)	2009 (H21)	計
ビジネス・MOT	6	7	7	8	1	3		32
会　計	1		9	4	2		1	17
公共政策	1	3	2	1	1			8
公衆衛生	2				1			3
知的財産			2					2
臨床心理				1	3		1	5
法　科		68	6					74
教　職						19	5	24
その他		5	2	5	1	3	1	17
計	10	83	29	18	9	25	8	182

注）「専門職大学院の教育研究活動に関する実態調査」について（中教審大学分科会 2007）より作成。

　2005（平成17）年度には23専攻が設置され、その後は減少の一途であることがわかる。第4章以降の現地レポートでの開設事情にもあるように、各大学とも当初は他校の様子見であった傾向があったこと、しかし現在ではある程度飽和化し一段落していることが示唆されている（**表2-4**参照）。2008（平成20）年度に新設された教職系を除けば、今後はそれほど他領域での新設は続かないものと思われる。

　さて、法科・教職以外の専攻分野ごとの養成人材モデルは以下の通りである。

- ビジネス・MOT：経営戦略、組織行動、ファイナンス、マーケティング、技術・生産管理、情報システム等の科目により、経営分野のリーダー。具体的には、経営企画・CEO候補者、独立・社内ベンチャー起業者、先端技術戦略・政策立案者、幹部技術者など。
- 会計：企業や行政機関等の会計並びに監査の担い手として、様々な専門知識や能力、ITへの対応力、論理的かつ倫理的な判断力などを備えた会計のプロフェッショナルを養成。具体的には、公認会計士、企業や行政機関等における会計専門家、コンサルタントなど。
- 公共政策：公共政策に関する総合的な能力（課題発見、分析・評価、立案等）を有する人材。国際機関、行政機関等における政策・立案従事など。

公衆衛生：健康の保持・増進、疾病の予防等に関して指導的役割を果たす人材。具体的には、公衆衛生行政担当者、企業等の健康管理専門家、病院の医療安全管理者、シンクタンク・NGO 等のアナリストなど。
知的財産：知的財産の創造、保護、活用を支える人材。弁理士、企業、行政機関等における知財担当など。
臨床心理：人間の心の問題への専門的援助ができる人材。企業や教育機関におけるカウンセラー、医療・保健、福祉関係業務従事者など[6]。

こうした人材モデルの成否は、それぞれの教育プログラムの修了証である「学位」（どのような名称の学位が得られるか）と専門的職業への参入に必要な「資格」（国家資格試験などとどう関連しているか）、さらには修了後の「進路」（どのような専門的職業に就いたか）に収斂されると考えられる。進路については、第2章で詳しく考察することとして、次に学位と資格についてみておこう。

③ 学　位

大学院修了者には、上記のような専門分野ごとに学位が授与されるが、その名称は各大学院・専攻に委ねられている。ただし既存の大学院修士課程と異なり、名称の最後に、「＊＊（専門職）」という括弧書きが追加される。

ビジネス・MOT 系では、経営管理修士、技術経営修士、ファイナンス修士、情報技術修士、ビジネス修士、経営修士、会計修士、企業経営修士、国際経営修士、システム安全修士、会計系では、国際会計修士、ファイナンス修士のほか、ほとんどが会計修士である。また公共政策系では、公共政策学修士、公共法政策修士、公共経済修士、国際・行政修士、公共政策修士、公共経営修士、公衆衛生系では、公衆衛生学修士、社会健康医学修士、医療経営・管理学修士、知財系では知的財産修士、臨床心理系では臨床心理修士、といった具合である。これらの名称は、専門領域から連想が容易であるが、その他の領域では実に多様な名称が並ぶ。たとえば、

原子力専攻原子力修士
情報アーキテクチャ専攻情報システム学修士

創造技術専攻創造技術修士
グローバル・コミュニケーション実践専攻英語教育修士、日本語教育修士、発信力実践修士
緑環境景観マネジメント専攻緑環境景観マネジメント修士
助産専攻助産修士
組込み技術専攻組込み技術修士
映画プロデュース専攻映画プロデュース修士
福祉マネジメント専攻福祉マネジメント修士
ファッションクリエイション専攻ファッションクリエイション修士
ビューティビジネス専攻ビューティビジネス修士
ウェブビジネス技術専攻情報技術修士
デザイン経営専攻デザイン経営修士
情報システム専攻情報システム修士
学校教育専攻学校教育修士
デジタルコンテンツ専攻デジタルコンテンツマネジメント修士

などである。

　昨今では、学士学位の名称が非常に多岐にわたるようになっていることが報告されており、各大学・学部における教育プログラムの内実が問われているが、専門職大学院でもその名称は多様であることがわかる。ただし専門職大学院の場合、その養成する専門的人材が多種多様であることを、逆に示唆しているとも言えよう。

④　職業資格・試験との関連

　次に、高度の専門的職業人の養成を唱った制度であるだけに、上記にみてきたような人材モデルと学位は、「専門職」の業務に参入する資格試験との関連がとりわけ大きなポイントとなる。この制度導入の際にモデル視されたアメリカにおけるプロフェッショナル・スクールのように、大学院と専門職領域・団体とがどれ程に緊密なリンケージを保持できているか、すなわちスクール（大学院）でのプログラム修了証（学位）が当該専門職に参入する際の

資格として、どの程度のメリットおよび要件が設定されているか、はきわめて重要な点である。しかしながら、わが国の専門職大学院制度は、このリンケージが実は非常に曖昧である。

法科大学院の場合、その修了が新司法試験の受験要件となっており、当初7〜8割の合格を想定したものが現在ではその見直しが迫られているなど運用面での改善の必要性があるものの、制度設計としては専門職教育と資格試験との密接なリンクが図られている。しかし、教職に関しては、すでに教員免許を有している学部卒業生ならびに現職教員の再教育の場であり、その専門職教育は資格取得の要件であるわけではない（教員採用試験での特例選考受験措置が考慮されているが、詳しくは今後の課題となっている）。

それ以外の特定専門職を想定している分野はどうだろうか。たとえば、会計分野、知財分野においては、それぞれ公認会計士試験、弁理士試験の一部科目の免除（ただし知財に関しては平成20年以降の入学者）、臨床心理分野では㈶日本臨床心理士資格認定協会が実施する臨床心理士資格試験の一部科目が免除などの措置があり、進学者・修了者にはメリットとなっている。しかし公認会計士試験の受験資格は専門職大学院を経なくても得られるし、また臨床心理では専門職大学院に限らず同協会指定の既存大学院を修了すれば受験資格が得られるため、いずれも専門職大学院の修了が受験要件となっているわけではない。その他の領域の場合、さらに事情は複雑である。国家資格の導入が図られながらもその認知や定着が進んでいない分野もあれば、ビジネス系や公共政策系などそもそも想定されている専門的領域の参入に国家資格が必要ではない領域もある。

専門職大学院が、あらたに専門的職業領域を創成・開拓する役割を果たすのであり、資格（試験）の導入・統一やそれを統括・評価する専門職団体の結成は今後の課題であり、またそれには時間を要する、といった見方もあり得るだろう。仮にそうだとしても、専門職大学院が今後とも存続していくか否かは、すでに国家資格とダイレクトにリンクしている法科を含めて、大学院において提供される専門的教育がいかに学生らの実践力、応用力、即戦力の向上・涵養に寄与するか、そしてまたそれらの教育方法・内容をどのように

評価すべきか、という点にかかっていると言えよう。

そこで、以下ではその教育内容と方法、ならびに設置基準でも明確に定められている第三者評価について考察しておきたい。

(2) 教育面

① カリキュラム

専門職大学院の修了要件については、設置基準からもわかるように（表2-2参照）、研究指導を受けることや、論文・研究成果は必須ではなく、一定期間（原則として2年間）の在学と必要とする単位修得だけを必須としている。しかしその必要修得単位数については、法科大学院については3年以上の在籍で93

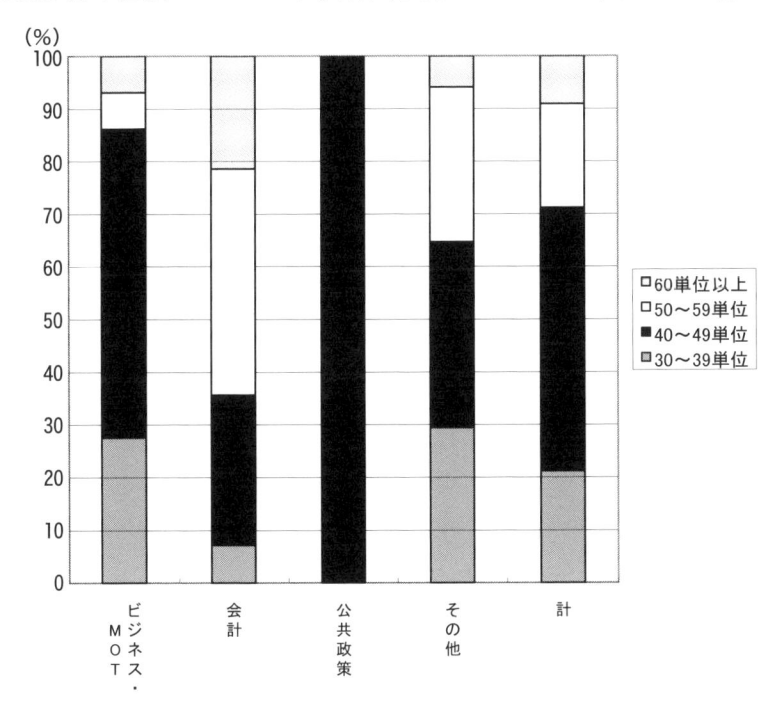

図2-3　領域別にみた必要修得単位数

注）「専門職大学院の教育研究活動に関する実態調査」について（中教審大学分科会 2007）より作成。

単位以上（履修科目登録の上限は1年間で36単位）、教職大学院については45単位以上（うち10単位以上は学校等での実習）、を標準とすることが設置基準上定められているが、それ以外の分野では各大学院がそれぞれ定めているため、**図2-3**にあるように、各分野間ならびに大学院間で大きな差が生じることとなる。したがって、次項にみるように、第三者評価（認証評価）などによる事後チェックが欠かせない。

② 教育方法

　専門職大学院では、理論と実践の架橋といわれるように、特定の職業分野に必要な専門的知識と、現場に応じた柔軟で実践的な教育の統合がめざされている。授業方法も、実習、事例研究、フィールドワーク、ワークショップ、シミュレーション、ロールプレイング等を中心としている。また、実際に当該専門職領域ならびに実業界などで活躍する実務家教員が、現場業務の最前線の経験やスキルを活かしつつ、それを理論化した授業を行うなどの工夫がなされている。

　各大学院、専攻で行われている上記の教育内容や方法については、第4章以降のレポートに詳しいが、その概要は以下のようなものである。

①フィールドワーク

　　設定したテーマに関わる代表的な実践事例について、実地調査を行う。

②ワークショップ

　　設定したテーマに即した事例を学生がそれぞれに持ち寄る。教員は、それら事例の発表を土台として、それらの背景等についての分析・考察を導く。

③シミュレーション

　　授業テーマ等に関わる条件を設定し、その条件下において想定できるモデルプランを示し、その企画立案・効果等についての検証を行う。

④ロールプレイング

　　ある条件を設定し、その条件下で学生に役割（例えば批判する側と推進する側等）を割り当てて事例の検討を行う。[7]

これらの教育方法の実際と効果については、第4章以降の各大学院の取組が参考になるだろう。

③　教員組織

次に教員組織としては、専門職大学院の専任教員は、専攻分野について、①教育上又は研究上の業績を有する者、②高度の技術・技能を有する者、③特に優れた知識及び経験を有する者を専攻の種類規模に応じ一定数以上配置する（修士課程の研究指導教員数の1.5倍の数に修士課程の研究指導補助教員数を加えた数を置く）ことと規定されている（専門職大学院設置基準）。この専任教員の中には、「専攻分野におけるおおむね五年以上の実務の経験を有し、かつ、高度の実務の能力を有する」いわゆる「実務家教員」という新たな教員群の規定が盛り込まれている（「専門職大学院に関し必要な事項について定める件」（文部科学省告示第五十三号、平成15年3月31日）第二条）。彼らのバックグランド（年齢構成、学位取得状況など）については第3章であらためて考察するが、法科大学院では必要専任教員中の2割以上、教職では4割以上、その他の分野では3割以上を配置することが求められている。

専任教員の中でも、この実務家教員とそれ以外のいわば研究教員との割合は、専門分野や設置者別にどのような相違があるのだろうか。文科省がその実態調査を行っているが、そのデータから教員内訳を再構成したものが図2-4である（なお、「他と重複」というカテゴリーには「兼担」（専門職大学院設置基準附則2より、当該大学院の専任教員であって他学部・他研究科などの専任でもある者）を指す者、またカッコ書きのない「専任」カテゴリーはいわば研究教員と考えられる。また「みなし」とは、実務家教員のうち専任教員以外であっても専任教員とみなされる者を指す（平成15年度文部科学省告示第五十三号第二条第二項）。したがって、この図では、「専任（実務家）」と「みなし」が実務家教員と考えられる）。まず専門分野別にみてみると、ビジネス・MOT系、会計系などでは実務家教員の比率が約4割と大きいことがわかる。また設置者別にみると、ビジネス系ならびに会計系の株式会社立では教員の6割が実務家であることがわかる。この実務家教員については、これまでの大学院にはない実践的な教育を行う専門職

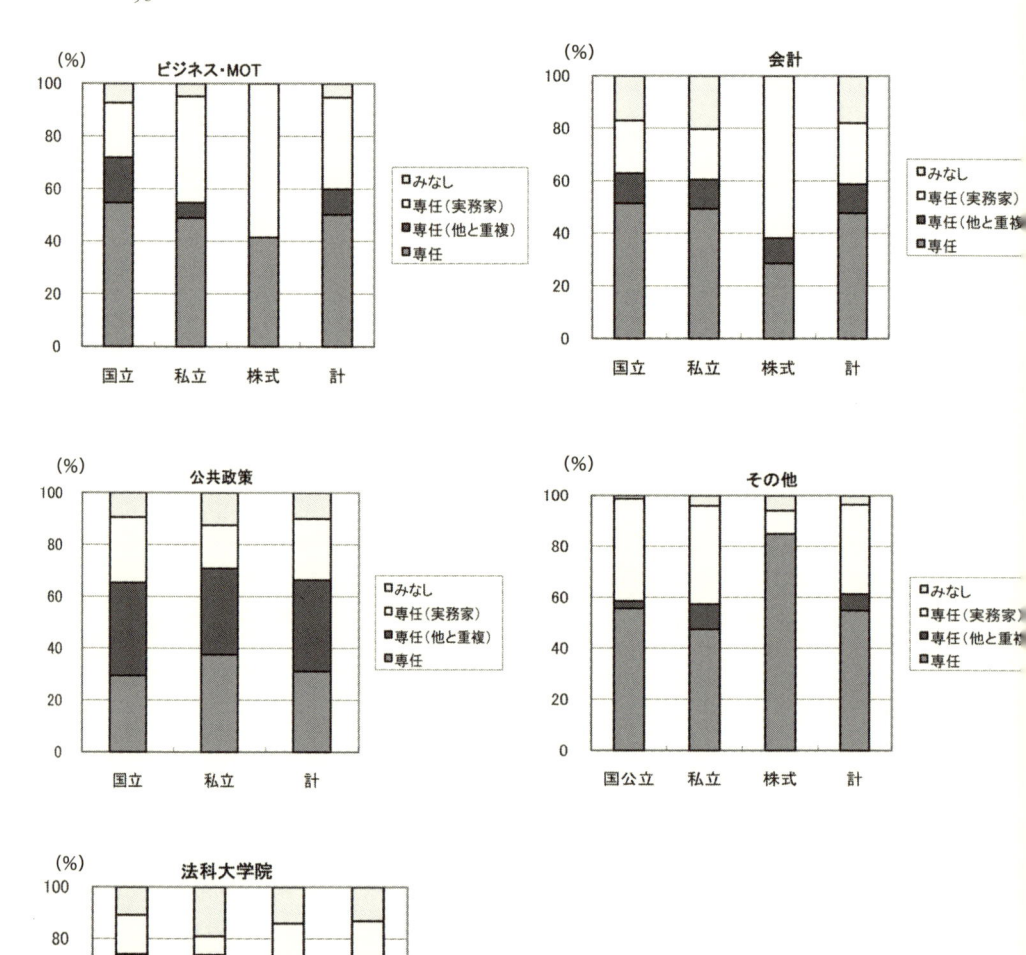

図2-4　各分野における教員の内訳

注）「専門職大学院の教育研究活動に関する実態調査」について（中教審大学分科会 2007）より作成。

大学院の大きな目玉とも言うべきものだが、実践経験のみならず、「研究」もまた同時に求められるようになっており、第4章で詳しくみていくように、その在り方は各大学院の大きな課題となってきている。

④ 社会人学生

さて専門職大学院には、どのような学生が学んでいるのだろうか。その詳しい考察は第3章に譲るが、ここではいわゆる社会人学生に対するバックアップ体制についてだけ、触れておこう。

専門職大学院は、社会の現場で活躍する職業人にさらに高度な専門的能力や最新の知識・スキルを涵養・育成させるための再教育ならびに生涯学習的な機会を広く提供することは、重要な役割である。その意味で、各大学院とも社会人の便宜を様々な面で図っている。

①社会人に配慮した入学者選抜

　社会人に対して一般とは別の選抜枠や受験科目を設けるなどの入学者選抜を実施。

②夜間開講

　社会人が仕事の後や休日に通学できるよう、平日夜間や土曜日に授業を実施。昼夜に関わらず自由に履修できる専門職大学院もある。

③サテライトキャンパス

　仕事の後に通いやすいよう、都心にサテライトキャンパスを開設。

④1年コース

　社会人を対象とする場合など教育上必要があると認められるときは、1年コースの設定が可能。

文科省の調査によれば、社会人学生の比率が高いビジネス系については、平日の夜間及び土曜日などに授業を開講するなど「勤務時間に配慮した授業時間の設定」や、都心などの立地条件のよいところで学習できるよう配慮した「サテライト・遠隔教育システムの整備」などによって学生のニーズに応えていることがわかる(**表2-5参照**)[8]。これらの取組については、詳しくは第

表2-5　社会人学生に対する配慮　（2007年度）

	社会人に配慮した入学者選抜の実施	勤務時間に配慮した授業時間の設定	サテライト・遠隔授業システムの整備	1年コースの設定
法科大学院 (74)	13	9	5	—
教職大学院 (19)	10	10	2	5
ビジネス・MOT (28)	7	27	17	10
会計 (14)	3	7	3	2
公共政策 (7)	0	3	0	4
その他 (17)	1	9	4	7
計	34	65	31	28

※教職大学院は、2008年度の数値
※授業方法等の内容は、専門職大学院毎に差異

文部科学省高等教育局専門教育課専門職大学院室 (2009) による。

3章以降を参照いただきたい。

(3) 認証評価

　さいごに、認証評価について触れておこう。専門職大学院には、教育課程や教員組織等の教育研究活動の状況について、文部科学大臣から認証を受けた認証評価団体（機関）の評価（5年以内ごと）を受けなければならない、とされている（2002（平成14）年、学校教育法の一部改正、2003（平成15）年、学校教育法施行令の一部改正による）。規制緩和の趨勢や、「事前規制から事後チェックへ」といったかけ声のただ中に生まれ、設置者側の自由を重視した上記のような教育特色を打ち出せることが可能だからこそ、専門職大学院はこうした第三者による外部評価＝「質の保証」システムが必要なのである。

　2009（平成21）年1月現在、認証評価団体（機関）が存在ならびに評価を実施している分野は以下の通りである（**表2-6、表2-7**参照）。法科大学院などでは、実際に認証団体から「不適合」との厳しい評価が出されている大学院も少なくない。

　ただし、前述のように、特定の専門職（団体）が想定あるいは結成されていない分野も少なくなく、そうした分野の大学院では認証評価団体が設置か

表2-6　専門職大学院の認証評価団体

分　野	認証評価機関	認証日
法科大学院	財団法人日弁連法務研究財団	2004年8月31日
	独立行政法人大学評価・学位授与機構	2005年1月14日
	財団法人大学基準協会	2007年2月16日
経営（経営管理、技術経営、ファイナンス、経営情報）	特定非営利活動法人 ABEST21 (THE ALLIANCE ON BUSINESS EDUCATION AND SCHOLARSHIP FOR TOMORROW, a 21st century organization)	2007年10月12日
会　計	特定非営利活動法人国際会計教育協会	2007年10月12日
経営（経営管理、会計、技術経営、ファイナンス）	財団法人大学基準協会	2008年4月8日
助　産	特定非営利活動法人日本助産評価機構	2008年4月8日

表2-7　認証評価団体が設立されている分野の認証評価の実績

分　野	専攻数	2006 (H 18)	2007 (H 19)	2008 (H 20)	2009 (H 21) 以降
法科大学院	74	2	22	44	6
経営（ビジネス・MOT）	32	—	—	13	19
会　計	17	—	—	6	11
助　産	1	—	—	1	0
計	124	2	22	64	36

※年度毎の数値は、当該分野の認証評価団体の評価の受審実績（ただし、2008年度の数値は予定数）
（表2-6、2-7とも、文部科学省高等教育局専門教育課専門職大学院室（2009）による）

ら5年以内に設立されていないケースもある。そうした場合の認証評価は、①指定外国評価機関（当該専門職大学院の分野に係る評価を行う外国に主たる事務所を有する法人等で、適正な評価を行うと国際的に認められたものとして文部科学大臣が指定したもの）から、専門職大学院の教員組織、教育課程その他教育研究活動の状況について定期的に評価を受け、その結果を公表するとともに、文部科学大臣に報告する、あるいは、②自己点検及び評価結果のうち当該専門職大学院に係るものについて、当該大学の職員以外の者による検証を定期的に行い、その結果を公表するとともに、文部科学大臣に報告する、といった例外措置である（2004（平成16）年、学校教育法施行規則の一部改正による）。要するに、米国などのアクレディテーション団体の認証評価か、自己点検評価の外部評価といった措置であり、実際に公共政策、公衆衛生、知的財産など

の分野では、設置から5年を経ても認証評価団体は設立されず、評価委員を委嘱して外部評価を行うといった方策を採ることとなった。

このように、認証評価については、制度的に十分整備されているとは言い難いものの、第4章以降で、各大学院の認証評価への取り組みを紹介するが、設立からかれこれ5年を経ているかいないかといった時期に当たって各校とも様々な対策を講じており、教育内容や方法についての改善などを図る契機となっていることは確かなようである。

しかし文科省としては、この事後チェック的な認証評価システムについては、2005（平成17）年2月の中央教育審議会答申「我が国の高等教育の将来像」において、「事後評価のみでは十分ではなく、事前・事後の評価の適切な役割分担と協調を確保することが重要」とした上で、「『専任教員』や『実務家教員』の意義や必要とされる資質・能力等について、さらに具体化・明確化する努力が必要」であるとし、設置認可の重要性を確認している。さらに文科省の担当者も、「市場原理や事後チェックは決して万能ではなく、『大学の質』保証のためには、一定の事前規制が欠かせない」（鈴木 2006）として、専門職大学院は高度専門職業人育成に特化しているものの、大学院であることには変わりはなく、教育と研究の双方が重要視されなくてはならず、実務家教員と同時に研究者教員の配置が不可欠で、専任教員——特に実務家教員——の要件は、現行法令の抽象的な規定ではなく、明確化していく工夫が求められると指摘しており、設置から5年を経過する大学院が多くなっていく中で、今後大きな課題となっていくものと考えられる。

以上、専門職大学院が設立されるまでの政策的な背景とその制度面について考察してきた。こうした枠組の中で各大学院は、各自の特色を生かした教育活動を繰り広げている。それについては第4章以降の各大学院の事例研究に詳しいが、その前に、次章で専門職大学院に学ぶ学生層と彼らを指導する教授陣について、そのバックグラウンドやプロフィールについて考察しておきたい。

表2-8 専門職大学院一覧（2009（平成21）年度開設予定を含む）

【ビジネス・MOT】 入学定員は2009年度予定数

区分	大学院名	研究科名	専攻名	学位名称	入学定員	位置	開設年度
国立	小樽商科大学大学院	商学研究科	アントレプレナーシップ専攻	経営管理修士（専門職）	35	北海道	16年度
国立	筑波大学大学院	ビジネス科学研究科	国際経営プロフェッショナル専攻	国際経営修士（専門職）	30	東京都	17年度
国立	一橋大学大学院	国際企業戦略研究科	経営・金融専攻	経営修士（専門職）	99	東京都	15年度
国立	東京農工大学大学院	技術経営研究科	技術リスクマネジメント専攻	技術経営修士（専門職）	40	東京都	17年度
国立	東京工業大学大学院	イノベーションマネジメント研究科	技術経営専攻	技術経営修士（専門職）	30	東京都	17年度
国立	新潟大学大学院	技術経営研究科	技術経営専攻	技術経営修士（専門職）	20	新潟県	18年度
国立	長岡技術科学大学大学院	システム安全系	システム安全専攻	システム安全修士（専門職）	15	新潟県	18年度
国立	京都大学大学院	経営管理教育部	経営管理専攻	経営学修士（専門職）	75	京都府	18年度
国立	神戸大学大学院	経営学研究科	現代経営学専攻	経営学修士（専門職）	69	兵庫県	15年度
国立	山口大学大学院	技術経営研究科	技術経営専攻	技術経営修士（専門職）	15	山口県	17年度
国立	香川大学大学院	地域マネジメント研究科	地域マネジメント専攻	経営修士（専門職）	30	香川県	16年度
国立	九州大学大学院	経済学府	産業マネジメント専攻	経営修士（専門職）	45	福岡県	15年度
		小計：国立12大学 12専攻			503		
公立	北九州市立大学大学院	マネジメント研究科	マネジメント専攻	経営学修士（専門職）	30	福岡県	19年度
		小計：公立1大学 1専攻			30		
私立	青山学院大学大学院	国際マネジメント研究科	国際マネジメント専攻	経営管理修士（専門職）	100	東京都	15年度
私立	芝浦工業大学大学院	工学マネジメント研究科	工学マネジメント専攻	技術経営修士（専門職）	28	東京都	15年度
私立	早稲田大学大学院	商学研究科	ビジネス専攻	経営管理修士（専門職）	195	東京都	19年度
私立	中央大学大学院	ファイナンス研究科	ファイナンス専攻	ファイナンス修士（専門職）	150	東京都	16年度
私立	東京理科大学大学院	戦略経営研究科	戦略経営専攻	経営学修士（専門職）	80	東京都	20年度
私立	東京理科大学大学院	総合科学技術経営研究科	総合科学技術経営専攻	技術経営修士（専門職）	50	東京都	16年度
私立	法政大学大学院	イノベーション・マネジメント研究科	イノベーション・マネジメント専攻	経営管理修士（専門職）／情報技術修士（専門職）	60	東京都	16年度
私立	明治大学大学院	グローバル・ビジネス研究科	グローバル・ビジネス専攻	経営管理修士（専門職）	80	東京都	16年度
私立	日本工業大学大学院	技術経営研究科	技術経営専攻	技術経営修士（専門職）	30	東京都	17年度
私立	グロービス経営大学院大学	経営研究科	経営専攻	経営管理修士（専門職）	100	東京都	18年度
私立	SBI大学院大学	経営管理研究科	アントレプレナー専攻	経営管理修士（専門職）	80	神奈川県	20年度
私立	事業創造大学院大学	事業創造研究科	事業創造専攻	経営管理修士（専門職）	80	新潟県	18年度
私立	南山大学大学院	ビジネス研究科	ビジネス専攻	ビジネス修士（専門職）	50	愛知県	18年度
私立	同志社大学大学院	ビジネス研究科	ビジネス専攻	ビジネス修士（専門職）	70	京都府	16年度
私立	立命館大学大学院	経営管理研究科	経営管理専攻	経営修士（専門職）／会計修士（専門職）	100	京都府	18年度
私立	関西学院大学大学院	経営戦略研究科	経営戦略専攻	経営管理修士（専門職）	100	大阪府	17年度
		小計：私立15大学 16専攻			1,353		
株立	ビジネス・ブレークスルー大学大学院	経営学研究科	経営管理専攻	経営管理修士（専門職）	120	東京都	17年度
株立	ビジネス・ブレークスルー大学大学院	経営学研究科	グローバリゼーション専攻	経営管理修士（専門職）	80	東京都	20年度
株立	LCA大学院大学	企業経営研究科	企業経営専攻	企業経営修士（専門職）	—	大阪府	18年度
		小計：株式会社2大学 3専攻			200		
		合計：30大学 32専攻			2,086		

【会計】

区分	大学院名	研究科名	専攻名	学位名称	入学定員	位置	開設年度
国立	北海道大学大学院	経済学研究科	会計情報専攻	会計修士（専門職）	20	北海道	17年度
国立	東北大学大学院	経済学研究科	会計専門職専攻	会計修士（専門職）	40	宮城県	17年度
		小計：国立2大学 2専攻			60		
公立	兵庫県立大学大学院	会計研究科	会計専門職専攻	会計修士（専門職）	40	兵庫県	19年度
		小計：公立1大学 1専攻			40		
私立	千葉商科大学大学院	会計ファイナンス研究科	会計ファイナンス専攻	会計ファイナンス修士（専門職）	70	千葉県	17年度
私立	青山学院大学大学院	会計プロフェッション研究科	会計プロフェッション専攻	会計修士（専門職）	80	東京都	17年度
私立	早稲田大学大学院	会計研究科	会計専攻	会計修士（専門職）	100	東京都	17年度
私立	中央大学大学院	国際会計研究科	国際会計専攻	国際会計修士（専門職）／ファイナンス修士（専門職）／会計修士（専門職）	100	東京都	15年度
私立	法政大学大学院	イノベーション・マネジメント研究科	アカウンティング専攻	会計修士（専門職）	50	東京都	17年度
私立	明治大学大学院	会計専門職研究科	会計専門職専攻	会計修士（専門職）	80	東京都	17年度
私立	大原大学院大学	会計研究科	会計監査専攻	会計修士（専門職）	30	東京都	18年度
私立	愛知大学大学院	会計研究科	会計専攻	会計修士（専門職）	35	愛知県	18年度
私立	愛知淑徳大学大学院	ビジネス研究科	会計専門職専攻	会計修士（専門職）	30	愛知県	19年度
私立	関西大学大学院	会計研究科	会計人養成専攻	会計修士（専門職）	70	大阪府	18年度
私立	関西学院大学大学院	経営戦略研究科	会計専門職専攻	会計修士（専門職）	100	兵庫県	18年度
私立	甲南大学大学院	ビジネス研究科	会計専攻	会計修士（専門職）	60	兵庫県	18年度
私立	熊本学園大学大学院	会計専門職研究科	アカウンティング専攻	会計修士（専門職）	30	熊本県	21年度
		小計：私立13大学 13専攻			805		
株立	LEC東京リーガルマインド大学大学院	高度専門職研究科	会計専門職専攻	会計修士（専門職）	60	東京都	17年度
		小計：株式会社1大学 1専攻			60		
		合計：17大学 17専攻			965		

【公共政策】

区分	大学院名	研究科名	専攻名	学位名称	入学定員	位置	開設年度
国立	北海道大学大学院	公共政策学教育部	公共政策学専攻	公共政策修士（専門職）	30	北海道	17年度
国立	東北大学大学院	法学研究科	公共法政策専攻	公共法政策修士（専門職）	30	宮城県	16年度
国立	一橋大学大学院	国際・公共政策教育部	国際・公共政策専攻	公共経済修士（専門職） 国際・行政修士（専門職）	55	東京都	17年度
国立	東京大学大学院	公共政策学教育部	公共政策専攻	公共政策修士（専門職）	100	東京都	16年度
国立	京都大学大学院	公共政策教育部	公共政策専攻	公共政策修士（専門職）	40	京都府	18年度
		小計：国立5大学　5専攻			255		
私立	早稲田大学大学院	公共経営研究科	公共経営学専攻	公共経営修士（専門職）	50	東京都	15年度
私立	明治大学大学院	ガバナンス研究科	ガバナンス専攻	公共政策修士（専門職）	50	東京都	19年度
私立	徳島文理大学大学院	総合政策研究科	地域公共政策専攻	公共政策修士（専門職）	10	徳島県	16年度
		小計：私立3大学　3専攻			110		
		合計：8大学　8専攻			365		

【公衆衛生等】

区分	大学院名	研究科名	専攻名	学位名称	入学定員	位置	開設年度
国立	東京大学大学院	医学系研究科	公共健康医学専攻	公衆衛生学修士（専門職）	30	東京都	19年度
国立	京都大学大学院	医学研究科	社会健康医学系専攻	社会健康医学（専門職）	30	京都府	15年度
国立	九州大学大学院	医学系学府	医療経営・管理学専攻	医療経営・管理学修士（専門職）	20	福岡県	15年度
		小計：国立3大学　3専攻			80		
		合計：3大学　3専攻			80		

【知的財産】

区分	大学院名	研究科名	専攻名	学位名称	入学定員	位置	開設年度
私立	東京理科大学大学院	総合科学技術経営研究科	知的財産戦略専攻	知的財産修士（専門職）	80	東京都	17年度
私立	大阪工業大学大学院	知的財産研究科	知的財産専攻	知的財産修士（専門職）	30	大阪府	17年度
		小計：私立2大学　2専攻			110		
		合計：2大学　2専攻			110		

【臨床心理】

区分	大学院名	研究科名	専攻名	学位名称	入学定員	位置	開設年度
国立	九州大学大学院	人間環境学府	実践臨床心理学専攻	臨床心理修士（専門職）	30	福岡県	17年度
国立	鹿児島大学大学院	臨床心理学研究科	臨床心理専攻	臨床心理修士（専門職）	15	鹿児島県	19年度
		小計：国立2大学　2専攻			45		
私立	関西大学大学院	心理学研究科	心理臨床学専攻	臨床心理修士（専門職）	30	大阪府	21年度
私立	帝塚山学院大学大学院	人間科学研究科	臨床心理学専攻	臨床心理修士（専門職）	20	大阪府	19年度
私立	広島国際大学大学院	総合人間科学研究科	実践臨床心理学専攻	臨床心理修士（専門職）	20	広島県	19年度
		小計：私立3大学　3専攻			70		
		合計：5大学　5専攻			115		

【その他】

区分	大学院名	研究科名	専攻名	学位名称	入学定員	位置	開設年度
国立	東京大学大学院	工学系研究科	原子力専攻	原子力修士（専門職）	15	茨城県	17年度
		小計：国立1大学　1専攻			15		
公立	産業技術大学院大学	産業技術研究科	情報アーキテクチャ専攻	情報システム学修士（専門職）	50	東京都	18年度
			創造技術専攻	創造技術修士（専門職）	50	東京都	20年度
公立	国際教養大学大学院	グローバル・コミュニケーション実践研究科	グローバル・コミュニケーション実践専攻	英語教育修士（専門職） 日本語教育修士（専門職） 発信力実践修士（専門職）	30	秋田県	20年度
公立	兵庫県立大学大学院	緑環境景観マネジメント研究科	緑環境景観マネジメント専攻	緑環境景観マネジメント修士（専門職）	20	兵庫県	21年度
		小計：公立3大学　4専攻			150		
私立	天使大学大学院	助産研究科	助産専攻	助産修士（専門職）	40	北海道	16年度
私立	東海大学大学院	組込み技術研究科	組込み技術専攻	組込み技術修士（専門職）	30	東京都	19年度
私立	映画専門大学院大学	映画プロデュース研究科	映画プロデュース専攻	映画プロデュース修士（専門職）	80	東京都	18年度
私立	日本社会事業大学大学院	福祉マネジメント研究科	福祉マネジメント専攻	福祉マネジメント修士（専門職）	80	東京都	16年度
私立	文化ファッション大学院大学	ファッションビジネス研究科	ファッションクリエイション専攻	ファッションクリエイション修士（専門職）	50	東京都	18年度
			ファッションマネジメント専攻	ファッションマネジメント修士（専門職）	30	東京都	18年度
私立	ハリウッド大学院大学	ビューティビジネス研究科	ビューティビジネス専攻	ビューティビジネス修士（専門職）	20	東京都	20年度
私立	京都情報大学院大学	応用情報研究科	ウェブビジネス技術専攻	情報技術修士（専門職）	80	京都府	16年度
私立	宝塚造形芸術大学大学院	デザイン経営研究科	デザイン経営専攻	デザイン経営修士（専門職）	40	大阪府	16年度
私立	神戸情報大学大学院	情報技術研究科	情報システム専攻	情報システム修士（専門職）	30	兵庫県	17年度
		小計：私立9大学　10専攻			480		
株立	日本教育大学院大学	学校教育研究科	学校教育専攻	学校教育修士（専門職）	80	東京都	18年度
株立	デジタルハリウッド大学大学院	デジタルコンテンツ研究科	デジタルコンテンツ専攻	デジタルコンテンツマネジメント修士（専門職）	80	東京都	16年度
		小計：株式会社立2大学　2専攻			160		
		計：15大学　17専攻			805		

| | | 合計：60大学　84専攻 | | | 4,526 | | |

【法科大学院】 学位名称：法務博士（専門職）

区分	大学院名	研究科名	専攻名	学位名称	入学定員	位置	開設年度
国立	北海道大学大学院	法学研究科	法律実務専攻		100	北海道	16年度
国立	東北大学大学院	法学研究科	総合法制専攻		100	宮城県	16年度
国立	千葉大学大学院	専門法務研究科	法務専攻		50	千葉県	16年度
国立	筑波大学大学院	ビジネス科学研究科	法曹専攻		40	東京都	17年度
国立	東京大学大学院	法学政治学研究科	法曹養成専攻		300	東京都	16年度
国立	一橋大学大学院	法学研究科	法務専攻		100	東京都	16年度
国立	横浜国立大学大学院	国際社会科学研究科	法曹実務専攻		50	神奈川県	16年度
国立	新潟大学大学院	実務法学研究科	実務法学専攻		60	新潟県	16年度
国立	信州大学大学院	法曹法務研究科	法曹法制専攻		40	長野県	17年度
国立	静岡大学大学院	法務研究科	法務専攻		30	静岡県	17年度
国立	金沢大学大学院	法学研究科	法務専攻		40	石川県	16年度
国立	名古屋大学大学院	法学研究科	実務法曹養成専攻		80	愛知県	16年度
国立	京都大学大学院	法学研究科	法曹養成専攻		200	京都府	16年度
国立	大阪大学大学院	高等司法研究科	法務専攻		100	大阪府	16年度
国立	神戸大学大学院	法学研究科	実務法律専攻		100	兵庫県	16年度
国立	島根大学大学院	法務研究科	法曹養成専攻		30	島根県	16年度
国立	岡山大学大学院	法務研究科	法務専攻		60	岡山県	16年度
国立	広島大学大学院	法務研究科	法務専攻		60	広島県	16年度
国立	香川大学大学院	香川大学・愛媛大学連合法務研究科	法務専攻		30	香川県	16年度
国立	九州大学大学院	法務学府	実務法学専攻		100	福岡県	16年度
国立	熊本大学大学院	法曹養成研究科	法曹養成専攻		30	熊本県	16年度
国立	鹿児島大学大学院	司法政策研究科	法実務専攻		30	鹿児島県	16年度
国立	琉球大学大学院	法務研究科	法務専攻		30	沖縄県	16年度
		小計：国立23大学 23専攻			1,760		
公立	首都大学東京大学院	社会科学研究科	法曹養成専攻		65	東京都	16年度
公立	大阪市立大学大学院	法学研究科	法曹養成専攻		75	大阪府	16年度
		小計：公立2大学 2専攻			140		
私立	北海学園大学大学院	法務研究科	法務専攻		30	北海道	17年度
私立	東北学院大学大学院	法務研究科	法実務専攻		50	宮城県	16年度
私立	白鷗大学大学院	法務研究科	法務専攻		30	栃木県	16年度
私立	大宮法科大学院大学	法務研究科	法務専攻		100	埼玉県	16年度
私立	獨協大学大学院	法務研究科	法実務専攻		50	埼玉県	16年度
私立	駿河台大学大学院	法務研究科	法実務専攻		60	東京都	16年度
私立	青山学院大学大学院	法学研究科	法務専攻		60	東京都	16年度
私立	学習院大学大学院	法務研究科	法務専攻		65	東京都	16年度
私立	慶應義塾大学大学院	法務研究科	法務専攻		260	東京都	16年度
私立	國學院大学大学院	法務研究科	法務専攻		50	東京都	16年度
私立	駒澤大学大学院	法曹養成研究科	法曹養成専攻		50	東京都	16年度
私立	上智大学大学院	法学研究科	法曹養成専攻		100	東京都	16年度
私立	成蹊大学大学院	法務研究科	法務専攻		50	東京都	16年度
私立	専修大学大学院	法務研究科	法務専攻		60	東京都	16年度
私立	創価大学大学院	法務研究科	法務専攻		50	東京都	16年度
私立	大東文化大学大学院	法務研究科	法務専攻		50	東京都	16年度
私立	中央大学大学院	法務研究科	法務専攻		300	東京都	16年度
私立	東海大学大学院	実務法学研究科	実務法律専攻		50	東京都	16年度
私立	東洋大学大学院	法務研究科	法務専攻		50	東京都	16年度
私立	日本大学大学院	法務研究科	法務専攻		100	東京都	16年度
私立	法政大学大学院	法務研究科	法務専攻		100	東京都	16年度
私立	明治大学大学院	法務研究科	法務専攻		200	東京都	16年度
私立	明治学院大学大学院	法務職研究科	法務専攻		80	東京都	16年度
私立	立教大学大学院	法務研究科	法務専攻		70	東京都	16年度
私立	早稲田大学大学院	法務研究科	法務専攻		300	東京都	16年度
私立	神奈川大学大学院	法務研究科	法務専攻		50	神奈川県	16年度
私立	関東学院大学大学院	法務研究科	実務法学専攻		30	神奈川県	16年度
私立	桐蔭横浜大学大学院	法務研究科	法務専攻		70	神奈川県	16年度
私立	山梨学院大学大学院	法務研究科	法務専攻		40	山梨県	16年度
私立	愛知学院大学大学院	法務研究科	法務専攻		35	愛知県	17年度
私立	中京大学大学院	法務研究科	法務専攻		30	愛知県	16年度
私立	南山大学大学院	法務研究科	法務専攻		50	愛知県	16年度
私立	名城大学大学院	法務研究科	法務専攻		50	愛知県	16年度
私立	京都産業大学大学院	法務研究科	法務専攻		60	京都府	16年度
私立	同志社大学大学院	司法研究科	法務専攻		150	京都府	16年度
私立	立命館大学大学院	法務研究科	法曹養成専攻		150	京都府	16年度
私立	龍谷大学大学院	法務研究科	法務専攻		60	京都府	17年度

【法科大学院】　学位名称:法務博士(専門職)

区分	大学院名	研究科名	専攻名	学位名称	入学定員	位置	開設年度
私立	大阪学院大学大学院	法務研究科	法務専攻		50	大阪府	16年度
私立	関西大学大学院	法務研究科	法曹養成専攻		130	大阪府	16年度
私立	近畿大学大学院	法務研究科	法務専攻		60	大阪府	16年度
私立	関西学院大学大学院	司法研究科	法務専攻		125	兵庫県	16年度
私立	甲南大学大学院	法学研究科	法務専攻		60	兵庫県	16年度
私立	神戸学院大学大学院	実務法学研究科	実務法学専攻		60	兵庫県	16年度
私立	姫路獨協大学大学院	法務研究科	法務専攻		30	兵庫県	16年度
私立	広島修道大学大学院	法務研究科	法務専攻		50	広島県	16年度
私立	久留米大学大学院	法務研究科	法務専攻		40	福岡県	16年度
私立	西南学院大学大学院	法務研究科	法曹養成専攻		50	福岡県	16年度
私立	福岡大学大学院	法曹実務研究科			30	福岡県	16年度
			小計:私立49大学　49専攻		3,865		
		法科大学院合計:74大学　74専攻			5,765		

【教職大学院】　学位名称:教職修士(専門職)

区分	大学院名	研究科名	専攻名	学位名称	入学定員	位置	開設年度
国立	北海道教育大学大学院	教育学研究科	高度教職実践専攻		45	北海道	20年度
国立	宮城教育大学大学院	教育学研究科	高度教職実践専攻		32	宮城県	20年度
国立	山形大学大学院	教育実践研究科	教職実践専攻		20	山形県	21年度
国立	群馬大学大学院	教育学研究科	教職リーダー専攻		16	群馬県	20年度
国立	東京学芸大学大学院	教育学研究科	教育実践創成専攻		30	東京都	20年度
国立	上越教育大学大学院	学校教育研究科	教育実践高度化専攻		50	新潟県	20年度
国立	福井大学大学院	教育学研究科	教職開発専攻		30	福井県	20年度
国立	岐阜大学大学院	教育学研究科	教職開発専攻		20	岐阜県	20年度
国立	静岡大学大学院	教育学研究科	教育実践高度化専攻		20	静岡県	21年度
国立	愛知教育大学大学院	教育実践研究科	教職実践専攻		50	愛知県	20年度
国立	京都教育大学大学院	連合教職実践研究科	教職実践専攻		60	京都府	20年度
国立	兵庫教育大学大学院	学校教育研究科	教育実践高度化専攻		100	兵庫県	20年度
国立	奈良教育大学大学院	教育学研究科	教職開発専攻		20	奈良県	20年度
国立	岡山大学大学院	教育学研究科	教職実践専攻		20	岡山県	20年度
国立	鳴門教育大学大学院	学校教育研究科	高度学校教育実践専攻		50	徳島県	20年度
国立	福岡教育大学大学院	教育学研究科	教職実践専攻		20	福岡県	21年度
国立	長崎大学大学院	教育学研究科	教職実践専攻		20	長崎県	20年度
国立	宮崎大学大学院	教育学研究科	教職実践開発専攻		28	宮崎県	20年度
			小計:国立18大学　18専攻		631		
私立	聖徳大学大学院	教職研究科	教職専攻		30	千葉県	21年度
私立	創価大学大学院	教職研究科	教職専攻		25	東京都	20年度
私立	玉川大学大学院	教育学研究科	教職専攻		20	東京都	20年度
私立	帝京大学大学院	教職研究科	教職専攻		30	東京都	21年度
私立	早稲田大学大学院	教職研究科	高度教職実践専攻		70	東京都	20年度
私立	常葉学園大学大学院	初等教育高度実践研究科	初等教育高度実践専攻		20	静岡県	20年度
			小計:私立6大学　6専攻		195		
		教職大学院合計:24大学　24専攻			826		
		全分野総計:129大学　182専攻			11,117		

文部科学省高等教育局専門教育課専門職大学院室(2009)より転載。

【注】
1 中央教育審議会答申2002(平成14)年8月「大学の質の保証に係る新たなシステムの構築について」において、届出制範囲の拡大が記された。
2 なお、株式会社立については、株主への配当などのために基本金組み入れなどが難しく、また補助金も見込めないため、経営自体は極めて不安定である。また設立当初は株式会社立であったものの、その後の経営環境の中で、学校法人へと移行する大学院も少なくない。第4章で紹介するグロービス経営大学院のように、税制面や寄付金のメリットや、教育特区によるキャンパス開設地の制限といった理由から、学校法人へと変更するケースも出てきている。
3 わが国の1990年代以降の大学院制度に関する政策過程については、あらためて詳細な分析を加える必要があるが、専門職養成に関する政策については橋本編2009を参照のこと。
4 第36回大学院部会配布資料3-1より。
5 2004(平成16)年に設立された東京理科大学大学院総合科学技術経営研究科総合科学技術経営専攻は、1年制10名、2年制40名の定員となっているが、40名で算出している。
6 文部科学省高等教育局専門教育課専門職大学院室(2009)より。
7 同上。
8 同上。

【引用文献】
天野郁夫(2002)「専門職大学院の衝撃」『IDE 現代の高等教育』No. 445。
天野郁夫(2004)「専門職業教育と大学院政策」『大学財務経営研究』第一号。
佐藤幸治(2002)「法科大学院の構想を考える」『IDE 現代の高等教育』No. 445。
司法制度改革審議会(2000)「意見書 21世紀の日本を支える司法制度」。
清水潔(2007)「専門職大学院の課題」『IDE』No. 493、4-9頁。
鈴木敏之(2006)「実務担当者から見た大学設置審査が当面している課題」『カレッジマネジメント』137号。
中教審大学分科会(2006)「第36回大学院部会資料」。
中教審大学分科会(2007)「専門職大学院の教育研究活動に関する実態調査」について(第39回大学院部会 資料9-2)。
中教審大学分科会(2002)「大学院における高度専門職業人養成について」、「法科大学院の設置基準等について」。
橋本鉱市編(2009)『専門職養成の日本的構造』玉川大学出版部。
文部科学省高等教育局専門教育課専門職大学院室(2009)「専門職大学院制度の概要」。
山田礼子(2003)「大学院改革の動向―専門職大学院の整備と拡充―」『教育学研究』第70巻第2号。

第3章　甲板上の乗組員——学生と教員

　この章では、第4章以下の各大学院における個別・具体的な調査分析に入る前に、専門職大学院の入学学生と教員層について、既存のデータや調査類からその現状と問題点を把握しておこう。

1. 学生層

(1) 設置者別にみた入学者数と入学倍率

　まず、専門職大学院の入学者について、「学校基本調査」を基にその特徴を概観してみよう。ここでは、既存大学院修士課程のそれと比較することで、専門職大学院の特質をより明らかにしたい。なお、私立セクターには、株式会社立を含んでいる。

　さて図3-1〜図3-4は、法科・教職大学院以外の「その他の分野」の専門職大学院、ならびに法科大学院への入学志願者数と入学者数ならびに入学倍率を、学校基本調査のデータをもとに設置者別に見たものである。なお分野別ならびに教職大学院は次項で概観する。また、平成15年度の入学志願者数および入学者数は専門大学院が専門職大学院に移行した大学院のデータである（以下、図3-18まで学校基本調査のデータによる）。

　まず、法科・教職以外の分野の専門職大学院についてみてみると、平成16年度の入学志願者数ならびに入学者数が増加しているが、これは設置校数が

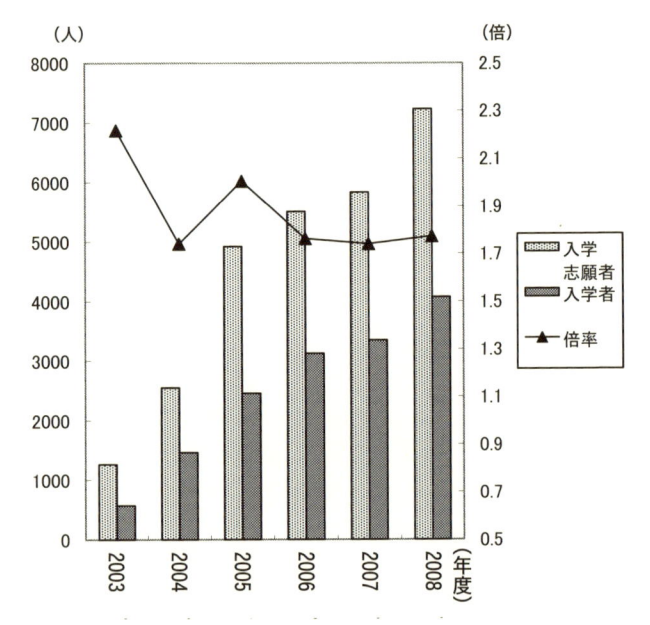

図3-1　専門職大学院の入学志願者数・入学者数・倍率（法科・教職大学院を除く）

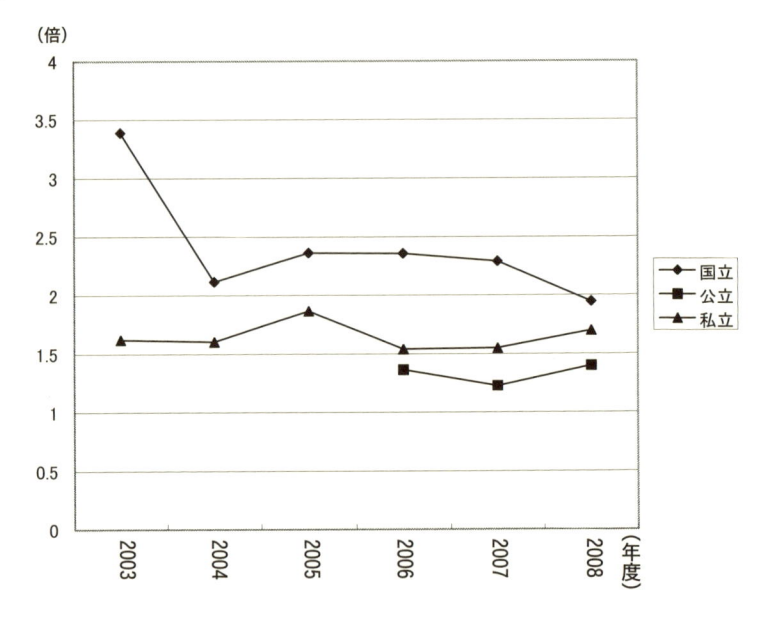

図3-2　専門職大学院の設置者別にみた倍率（法科・教職大学院を除く）

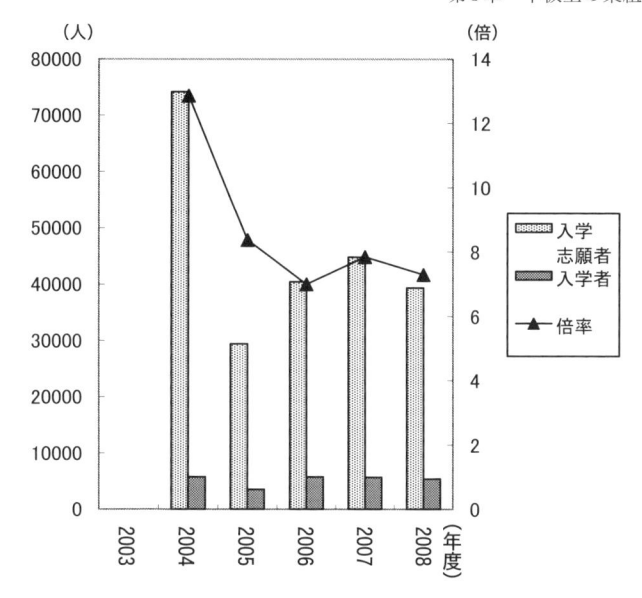

図3-3 法科大学院の入学志願者数・入学者数・倍率

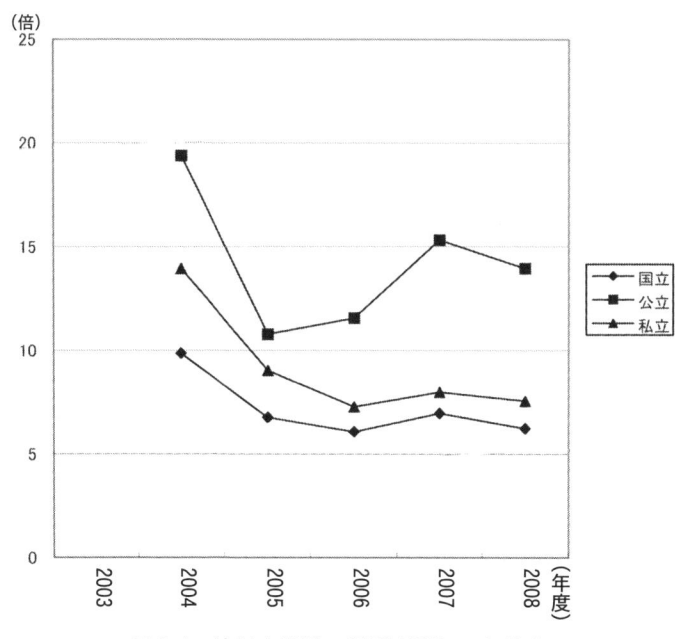

図3-4 法科大学院の設置者別にみた倍率

増加したことによるもの、また平成17年度の増加に関しては会計系専門職大学院が一斉に誕生したことが影響している。平成18年度以降においては倍増するような勢いは見られないものの、専門職大学院は、新設に伴い着実に増加してきている。その入学倍率の推移を見てみると、当初は変動があったものの、ここ3年は1.75倍当たりで安定している。ただし、倍率については設置者別に見てみると、一貫して、国立＞私立＞公立で推移しており、分野による影響もあるが、国立セクターの専門職大学院の人気が高いと言える。

次に、法科大学院についてみたものが、図3-3～図3-4だが、設立当初の入学志願者数とその倍率は目を見張るものがある。その反動からか、次年度については志願者、倍率ともに激減したことがわかる。ここ数年来、倍率は7倍以上で高止まりしているが、安定的に推移している。ただ、設置者別にみてみると、2004（平成16）年度設立の首都大学東京大学院と大阪市立大学大学院の2校からなる「公立」セクターの志願者ならびに倍率が常に高い。また「国立」セクターは、6～7倍で推移している。法科大学院に関しては、2009（平成21）年4月末現在、国立大学（法人）では入学定員の2割減などが予定されていると同時に、新司法試験合格者が僅少なこともあって、将来的には統廃合などが進んでいく可能性もあり、入学定員ならびに倍率も大きく変動するものと思われる。なお、教職大学院については、単年度分のデータしかないため、次項で触れることとする。

さて、既存の大学院修士課程と比較しておこう。ここ5年間の従来型の修士課程の志願者数・入学者数・倍率をみたものが図3-5、図3-6である。規模は専門職大学院とは比較できないほど大きく、ここ数年来大きな変化はないものの、全体としてみてみると入学志願者数が減少傾向にあることが分かる。その結果、入学倍率は漸減傾向にあり、専門職大学院と比べると、好対照となっている。専門職大学院が、既存大学院修士課程への入学志願者を取り込む形で、着実に入学者を確保していることが示唆されている。

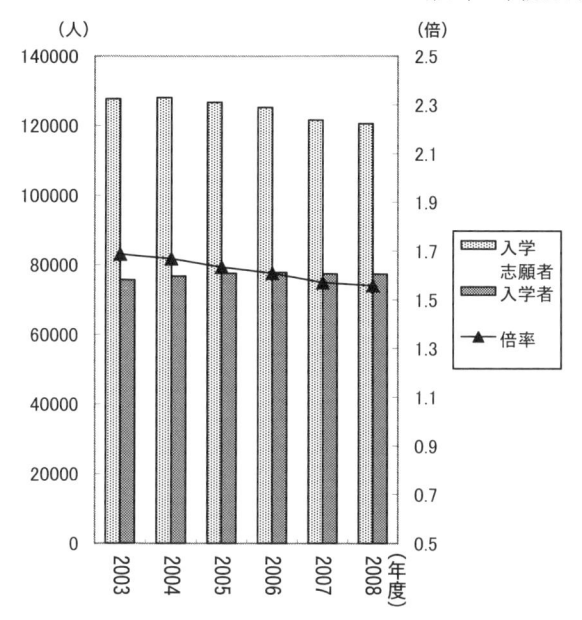

図3-5　既存大学院修士課程の設置者別入学志願者数・入学者数・倍率

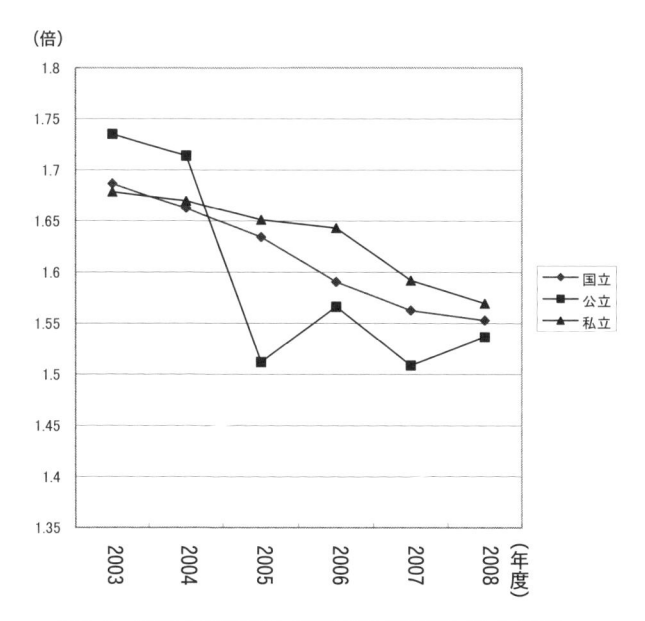

図3-6　既存大学院修士課程の設置者別にみた倍率

(2) 分野別別にみた入学者数と入学倍率

次に、以下では専門職大学院の入学者数を分野ごとに概観してみよう。ただ残念ながら、第2章で利用した文科省調査では、ビジネス・MOT、会計などといった細かい分野については平成18年度までのデータしか揃っていないため、ここ数年間の傾向が追えない。そこで、ここでは学校基本調査による従来型のカテゴリー、すなわち「人文科学」、「社会科学」、「工学」、「保健」、「その他」によって、これまでの傾向を跡づけることとしよう（図3-7〜図3-11参照）。

まず図3-7は、法科大学院に次ぐ大規模分野となる社会科学系専門職大学院の入学者志願者数、入学者数、全体の入学倍率ならびに設置者別にみた倍率をトレースしたものである。この分野の代表的な専門職大学院は、ビジネス系、会計系、経営系である。ただし、工学マネジメントや技術経営、デザイン経営などは含まれてはいない（「その他」のカテゴリー）。全体的にみると、平成17年度以降は入学者、志願者ともに頭打ちとなってきているが、これはこの分野での新規開設が少なくなったことによるものであろう。また入学倍率は、一貫して私立よりも国立セクターの人気が高く、当初はかなり変動があったもののここ2〜3年は安定的である。これらのことから、この分野では飽和化の段階に来ているとも言えるかもしれない。

次に、人文科学系専門職大学院の状況であるが（図3-8）、この分野での設立は17年度からであるが、臨床心理系に限られている（九州大学大学院人間環境学府実践臨床心理学専攻、鹿児島大学大学院臨床心理学研究科、帝塚山学院大学大学院人間科学研究科、広島国際大学大学院総合人間科学研究科）。入学倍率の推移からは、法科大学院ほどではないものの、他の分野をしのぐ人気を誇っていることがわかる。臨床心理士の現場でのニーズの高まりを如実に反映しているものとみていいだろう。

保健系（図3-9）では、専門大学院時代から志願者、入学者および倍率が順調に増加している。この分野は、国立の公衆衛生系（東京大学大学院医学系研究科公共健康医学専攻、京都大学大学院医学研究科社会健康医学系専攻、九州大学大学院医学系学府医療経営・管理学専攻）と私立の助産学（天使大学大学院助産研

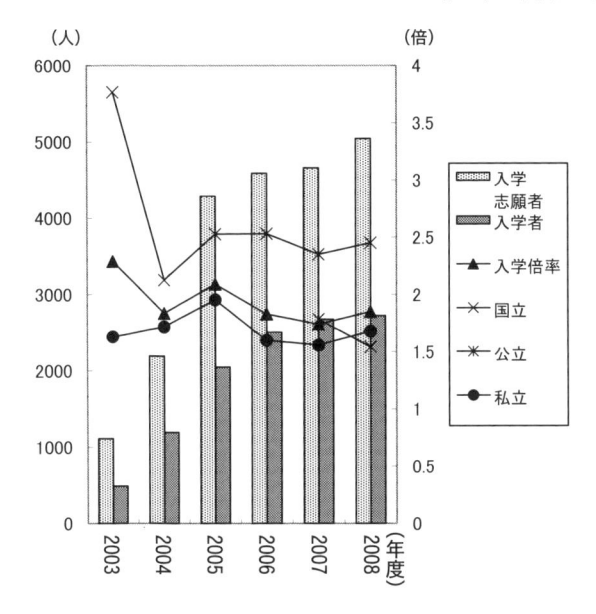

図3-7　社会科学系入学者数ならびに倍率（法科大学院を除く）

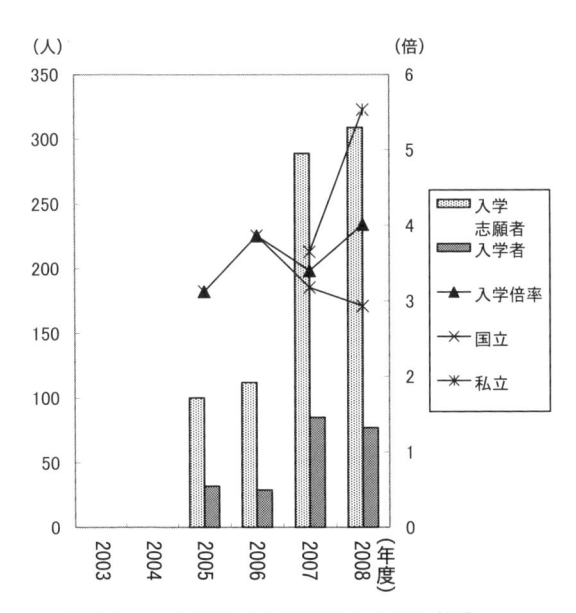

図3-8　人文科学系入学者数ならびに倍率

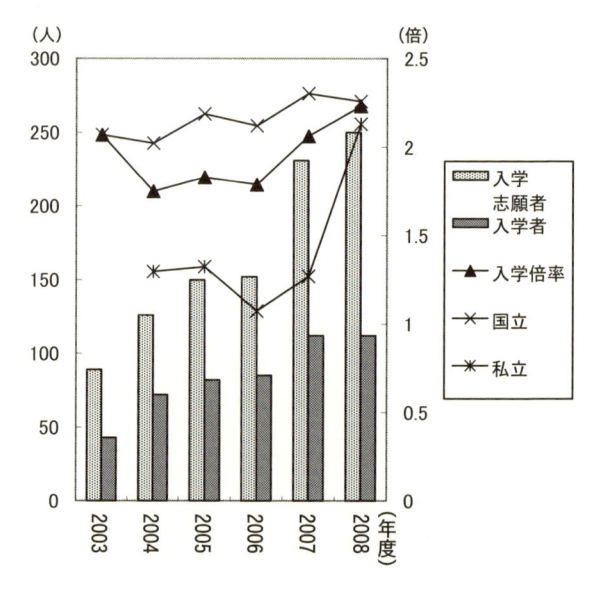

図3-9　保健系入学者数ならびに倍率

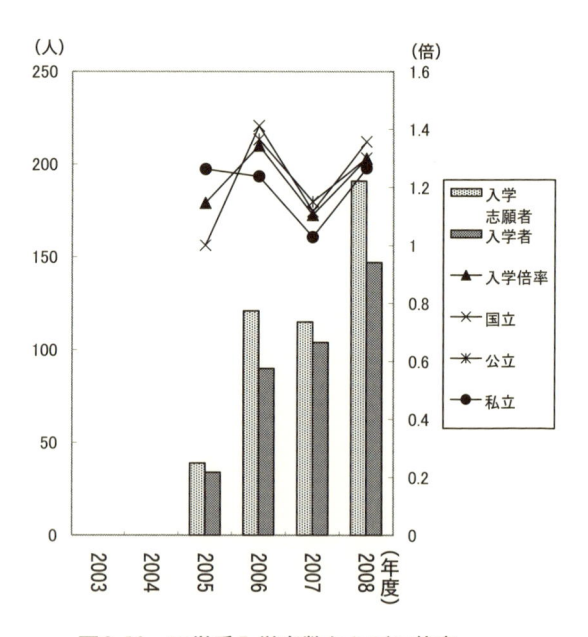

図3-10　工学系入学者数ならびに倍率

科助産専攻）からなっている。図からも明らかなように、国立の公衆衛生系の入学倍率は上昇傾向にあり、この分野でのニーズとともに将来的な発展性が示唆されている。また、私立の助産学では、当初はそれほど倍率は高くはなかったものの、ここ1～2年は志願者が増え、倍率も高まってきている。産婦人科医の払底を補完する助産師の役割と期待を反映したものと言えるかもしれない。

また、工学系（図3-10）としては原子力、情報システム、情報アーキテクチャ、組込み技術などの分野を指す（東京大学工学系研究科原子力専攻、神戸情報大学情報技術研究科情報システム専攻、産業技術大学院大学産業技術研究科情報アーキテクチャ専攻ならびに創造技術専攻、東海大学大学院組込み技術研究科組込み技術専攻）。この分野は志願者、入学者の規模が小さく年によって変動があるが、他の分野ほどには倍率は高くはない。どの大学・専攻も学生募集には苦労していることが示唆されているが、分野が特殊であることからくる制約を反映しているとも言えよう。

さいごに、「その他」分野であるが（図3-11）、MOT、デザイン経営、デジ

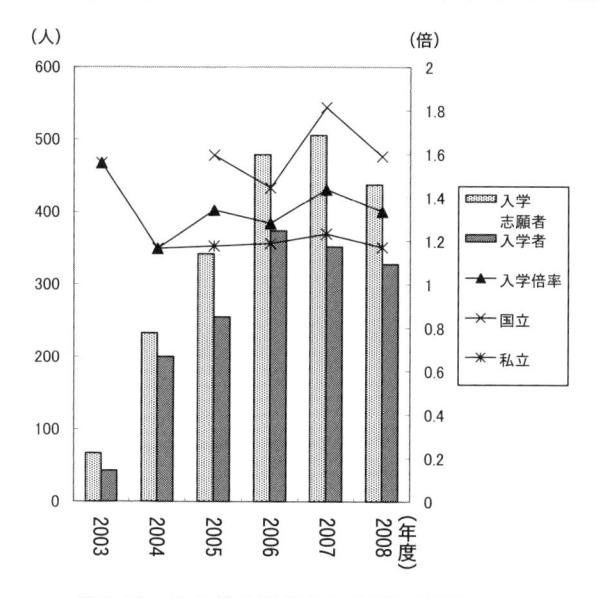

図3-11　その他入学者数ならびに倍率

タルコンテンツ、ウェブビジネス、ファッションビジネスなどが含まれる（東京工業大学大学院イノベーションマネジメント研究科技術経営専攻、東京農工大学大学院技術経営研究科技術リスクマネジメント専攻、新潟大学大学院技術経営研究科技術経営専攻、長岡技術科学大学大学院技術経営研究科システム安全専攻、山口大学大学院技術経営研究科技術経営専攻、日本工業大学大学院技術経営研究科技術経営専攻、芝浦工業大学大学院工学マネジメント研究科工学マネジメント専攻、宝塚造形芸術大学大学院デザイン経営研究科デザイン経営専攻、株式立デジタルハリウッド大学大学院デジタルコンテンツ研究科デジタルコンテンツ専攻、京都情報大学院大学応用情報技術研究科ウェブビジネス技術専攻、文化ファッション大学院大学ファッションビジネス研究科ファッションクリエイション専攻ならびにファッションマネジメント専攻、映画専門大学院大学映画プロデュース研究科映画プロデュース専攻、ハリウッド大学院大学ビューティビジネス研究科ビューティビジネス専攻）。設置者別にみると、国立はMOT、私立（株式立を含む）はデザイン、デジタル、ファッション、映像と大きく分けられよう。この分野は、他の分野とは異なり、平成19年度以降は入学者が、また20年度からは志願者が減少に転じている。これには私立セクターの動向が大きく影響しており、とくにデザイン経営、デジタルコンテンツ、映画プロデュースなどは、志願者、入学者ともに半減近くになっており、新しく参入してきた分野の苦闘ぶりがうかがわれる。

　なお、20年度から開設された教職専門職大学院については、定員合計706名のところ、志願者数は926名（国立677名、私立249名）、入学者数641名（国立519名、私立122名）で、倍率は全体で1.4倍（国立1.3倍、私立では2.0倍）であった。初年度とは言っても、倍率が1倍の大学院も少なくなく、実質的には定員ぎりぎりの状態であり、現職教員や学部卒業生にとってのニーズにマッチングしていない現状が浮き彫りになっていると言えよう。この点については、第4章のレポートに詳しい。

　以上、分野別の入学志願者数、入学者数、入学倍率を概観してみると、前項でみたように全体的には順調に拡大を遂げていると思われた専門職大学院であるが、分野によっては拡大していない、または減少に転じている分野も存在することが明らかとなった。さらに顕著であるのは、設置者による「勢

いの差」である。入学倍率から相対的にみると、法科大学院を別にすればほとんどの分野で、私立セクターの伸び悩みが見て取れる。特に、新規参入型の分野では、ここ数年来厳しい状況が続いている。

このように、専門職大学院は専門的な労働市場とのリンケージが密接であるが故に、その志願者数や入学倍率は市場の成熟度を示すバロメータであると同時に、市場からの評価がダイレクトにそれらに直結している現状が垣間見られる。

(3) 入学者の年齢別構成

次に、入学者の年齢別にみた構成を見てみよう。専門職大学院は、社会人に広く開かれ高度の専門性をブラッシュアップする場として期待されているが、どのような年齢層の社会人を受け入れているのであろうか。これまでと同様に学校基本調査などを利用するが、分野ごとのデータは存在しないため、ここではその概観にとどまるが、大きな傾向は見て取れるだろう。

まず、いわゆる社会人学生[1]の割合の推移を見てみると（図3-12）、急速に

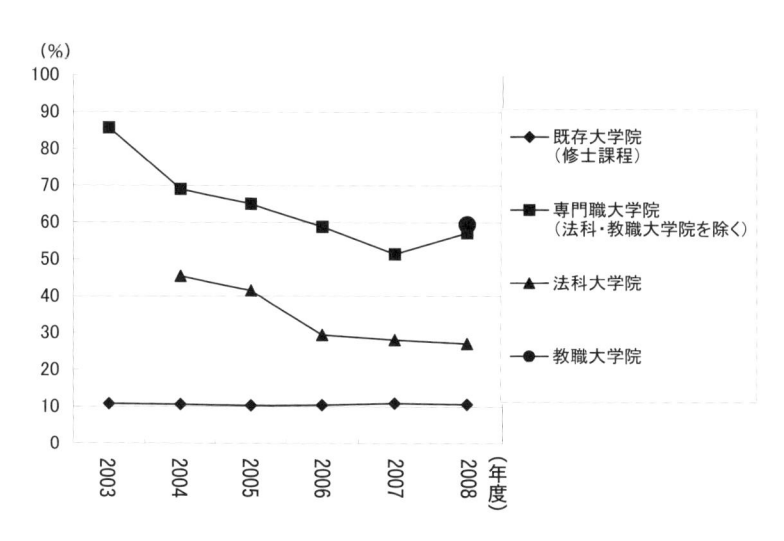

図3-12　入学者の「社会人」学生の割合

その割合が減ってきていることがわかる。既存の大学院では、安定的に1割をキープしているが、法科・教職以外の専門職大学院、法科大学院いずれも、設立当初の構成比は大きく落ち込んでいる。ただ、逆に言えば、専門職大学院（法科以外）では6割が社会人経験のある学生であるとも言え、社会人に広く開放されているという性格は保たれていると言えるかもしれない。では、どの年齢層の社会人が減ってきているのであろうか。

図3-13～図3-14は、入学者の構成比率を年齢コホート別にみたものである。なお、比率が5％を割っている50歳代以上のコホートは省略している。これをみると一目瞭然であるが、学士課程を卒業してダイレクトに入学あるいは社会人経験があってもせいぜい2年ほどを経て入学した者の割合（24歳以下のコホート）は、当初は1割程度しかなかったものが、ここ1, 2年ほどは35％ほどまで急上昇していることがわかる。逆に、当初は3割近くを占めていた30代前半は年々減少し、20年度では1割5分ほどまでに落ち込んでいる。20代後半、30代後半のコホートについても同様の傾向が指摘で

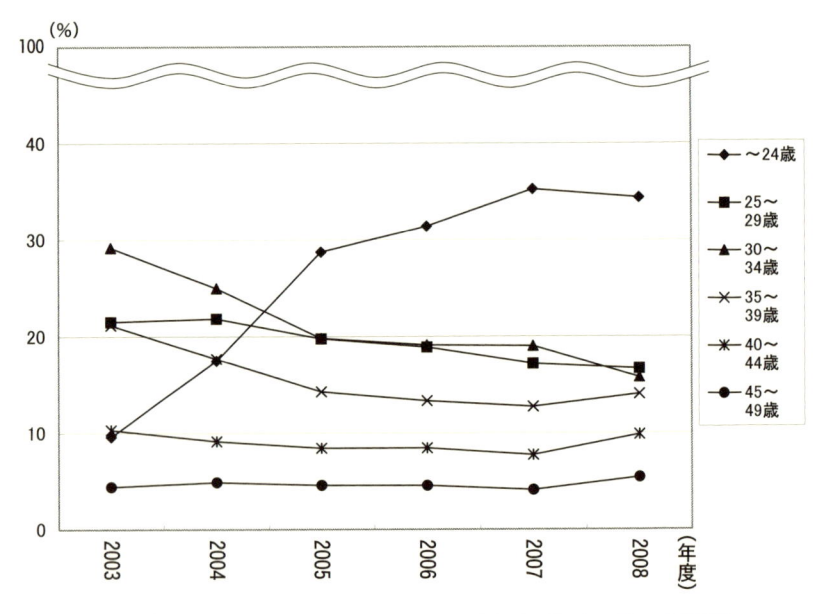

図3-13　入学者の年齢コホート別構成（法科・教職以外の大学院）

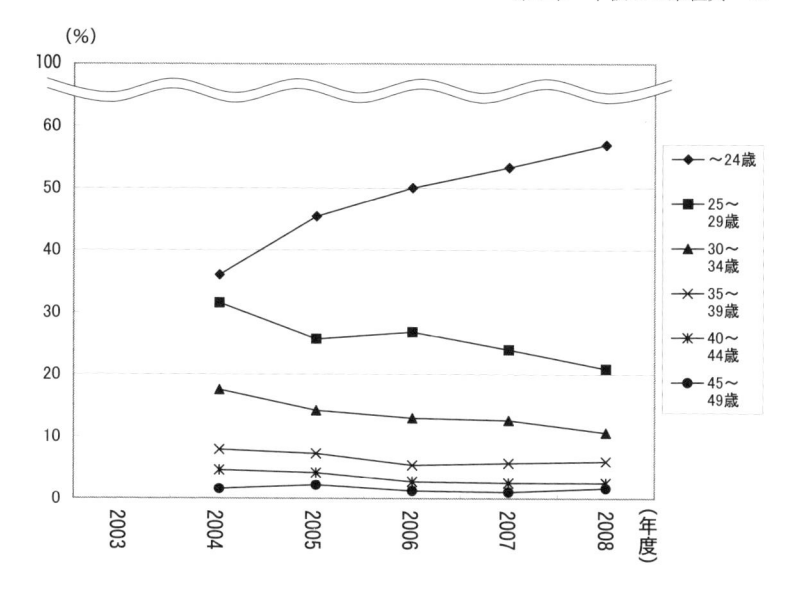

図3-14 入学者の年齢コホート別構成（法科大学院）

き、いわゆる社会人学生にカテゴリー化できる者の割合は、一貫して減少しているのである。また同時に、40代の入学者は当初からほぼ同じ割合を占めていることからすると、20代半ばから30代後半までの社会人経験のまだ浅い年齢層の入学が減少し、大学新卒あるいは卒業から間もない者たちがそれに取って代わりつつあると言っていいだろう。今や専門職大学院は、社会人経験のないあるいはあっても1, 2年の者たちが3人に1人を占めるようになってしまったのである。

　これらの年齢構成の推移からすると、専門職大学院は今なお社会人経験のある入学生がマジョリティであることには変わりはないものの（法科3割、その他6割）、専門職大学院が創設時に期待されていた社会人の高度な専門職性の再教育機関という性格は薄れつつ、一方で学部とダイレクトにリンクする形での進学先としての役割を持ち始めていると言っていいかもしれない。これは、これまでにプールされた社会人層がはけてきたのか、あるいは専門職大学院を選択するインセンティブがなくなったか、それとも新卒者が増えて

その結果として入学しにくくなったのかは、一概には明らかではない。その理由の解明には今後の調査・研究が待たれるところであるが、いずれにしても専門職大学院が当初に持っていた社会人に開かれたという性格が急速に変容して、学士課程に直結する上部段階といった認識が学部学生に広がってきたことを示していると言えよう。

(4) 修了後の進路

さいごに、修了後の進路について考察しておこう。専門職大学院は、高度の専門的職業人の養成が主眼であり、その修了後の進路先としても専門的・技術的な職業領域への就職が期待される。

まず、修了者の進路をみてみると（**図3-15**、平成16年度から20年度までの単年度ごとの総計）、法科大学院を含まない他の分野の修了者は4人に3人が就職しており、2割強の者が「その他」の進路をとっている[2]。ただし、法科大

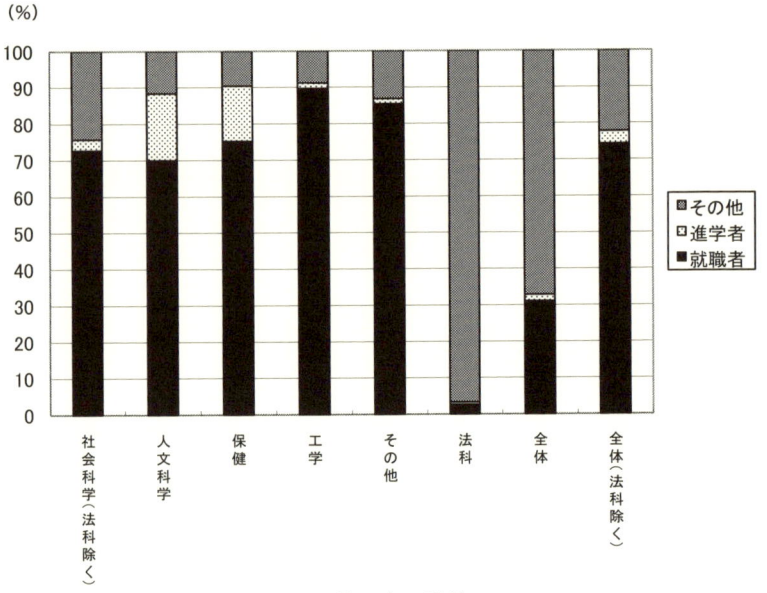

図3-15　修了者の進路

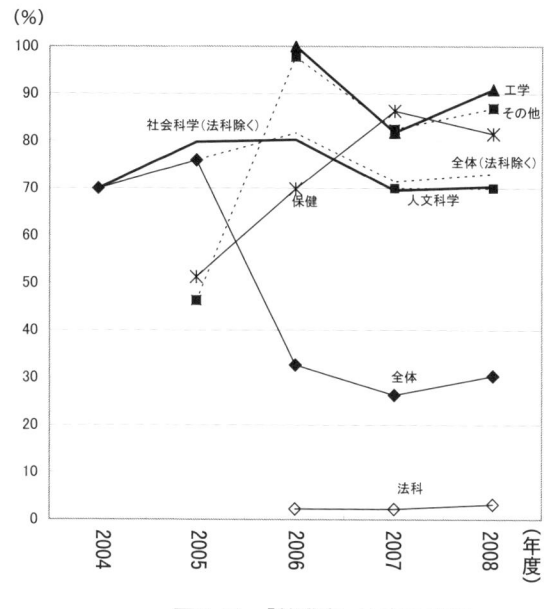

図3-16 「就職者」比率の推移

学院を含むと、就職者は3割近くまで落ち込む。法科大学院のみを取り出してみると、就職者の割合は2.6％しかなく、就職者比率の年度別推移でみてみても（**図3-16**）、ここ数年来2〜3％できわめて低い比率である。法科の場合、司法試験への準備期間にあり身分が決まっていない者も多数存在することを勘案しても、進学、進学者や一時的な職に就いた者以外の者の割合が8割以上、「死亡・不詳の者」も1割近いという現状は（図表省略）、法科大学院がこれまでの法曹養成に変わって十全に機能しているとは言い難いと言わざるを得ない。

さて、その他の分野に目を移してみよう。就職者の割合は、平均して7割5分から9割と高い比率であることがわかる。また年度別の動きを見ても、設立間もない頃に多少の変動はあるものの、ここ1, 2年は安定的に推移しており、修了後の専門的な労働市場とのリンケージが徐々に形成されてきていることが示唆されている。

次に、その「就職者」の職業別就業別にみた内訳をみてみよう。**図3-17**お

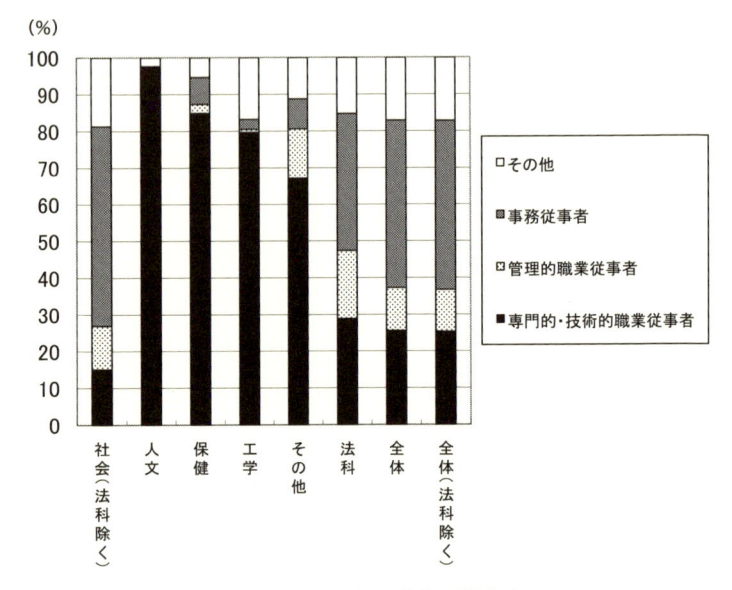

図3-17　修了者の職業別就業者

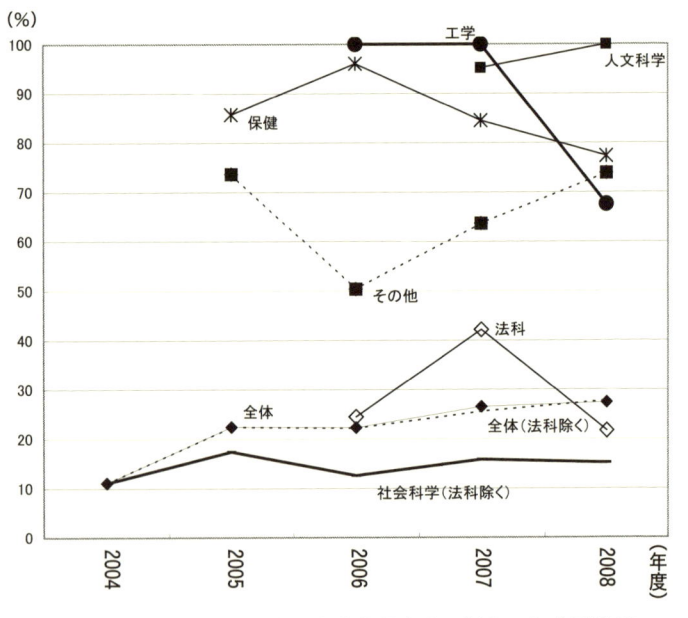

図3-18　「専門的・技術的職業従事者」割合の年度別推移

よび**図3-18**は、平成16年度から20年度までの単年度ごとの総計と、その中の「専門的・技術的職業従事者」比率の年度別推移を追ったものである[3]。専門職大学院がめざす高度の専門的職業人が、本章で利用している学校基本調査の「専門的・技術的職業従事者」に即応するとは限らないが、ほぼこのカテゴリーを指すものと考えて差し支えないだろう。

その割合をみてみると、全体として4人に1人が専門的職業に就いており、ここ数年来大きな変動はないことがわかる。その一方で、内訳として多いのは「事務従事者」のカテゴリーであり、半数近くがこのカテゴリーとなっている。企業などにおける専門的な分野への就職者も考えられるので、一概に専門的職業でないとは言えないが、実際にどのような業務形態なのかは、さらに精査が必要であろう。次に分野ごとの内訳に目を移してみると、法科大学院は就職者自体が極めて少ない上に、法曹などを含む「専門的・技術的職業従事者」も3割を切っていることがわかる。企業などでの法務分野への就職ということも考えられるが、これについてもさらに詳細な分析によって裏付けられるべきであろう。このほか、社会科学分野（法科を除く）では事務従事者が大半を占めていること、人文科学ではほぼ全ての者が専門的・技術的職業に就いていること、また保健、工学などの分野でも専門的職業従事者が8割を超えていること、などが指摘できよう。人文科学ではその修了が臨床心理士といった特定資格への要件として専門的な労働市場に結び付いているなど、これらの分野では大学院での教育課程と資格と市場とのリンケージが緊密であることが示唆されている。一方で、ビジネス分野を含む社会科学では、公認会計士などを別にすれば資格との関連が希薄であり、その特徴がこの就職先内訳にも表されていると言えよう。

いずれにせよ、以上の点は学校基本調査を利用した学生層のマクロな概略に過ぎない。また企業などに在職しながら大学院に通学していた者、あるいは休職して在籍していた者などが以前の職場に戻るなどのケースも少なくないと考えられるため、大学院在籍時の身分と就職先のカテゴリーについては精査が必要だろう。したがって、以上のマクロデータからだけでも専門職大学院の学生層に関しては様々なことがわかるが、入学以前のバックグランド、

進学意識、教育効果、修了後の進路や、その後の地位形成などについては、今後の調査・研究によってさらに詳しく分析が進められる必要があろう。

2. 教員層

さて、次に専門職大学院における教員層について概観しておこう。第2章では、専門職大学院の特色とも言うべき「実務家教員」について触れたが、以下では彼らを含めた「専任教員」層について、既存の調査データなどを利用してその特徴をまとめておこう（図3-19～図3-24のデータは、「専門職大学院の教育研究活動に関する実態調査」中教審大学分科会大学院部会第39回（2007）の資料から再構成している）。

(1) 年齢構成

まず、教員層の年齢構成を概観しておこう。**図3-19**は、専任教員の分野ごとの年齢構成をみたものであるが、全体としてみると40歳代と50歳代がそれぞれ3割を占め、中核的な役割を果たしている。その一方で、70歳代以上の教員も5％ほど在籍している。

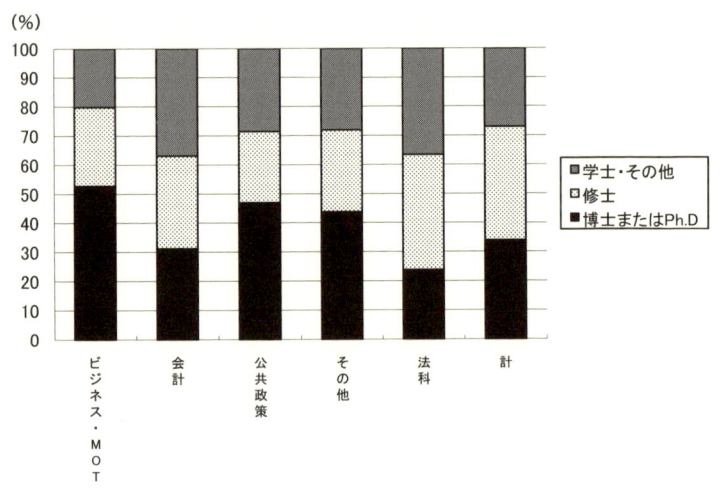

図3-19 専任教員の年齢構成

分野別にみてみるとこの70歳代の教員層が多いのは会計や法科の分野であり、資格に結びついた分野では斯界の大家的な教員が在籍していることを伺わせる。一方で、40歳代の教員層が多く70歳代以上が少ないのは公共政策の分野であるが、しかしながらこれがどのような理由からくるものであるかは判然としない。分野ごとの教員のバックグランドの相違は、こうした年齢構成からも容易に想像されるが、その詳細な分析に関しては改めて包括的な調査が待たれるところである。

(2) 授業担当数

次に、専任教員が1年間に担当する授業時間数についてみてみよう（図3-20）。全体として、6～7単位以下の教員層が約半数であるが、12単位以上を担当する教員層も2割以上存在しており、教員によって授業負担に大きな差が生じていることが見て取れる。また、上記の年齢構成と同様に、授業負担数についても分野による相違が顕著であり、特にビジネス・MOTの分野では、6単位未満と12単位以上の教員層に二分されている。設置者別にみれ

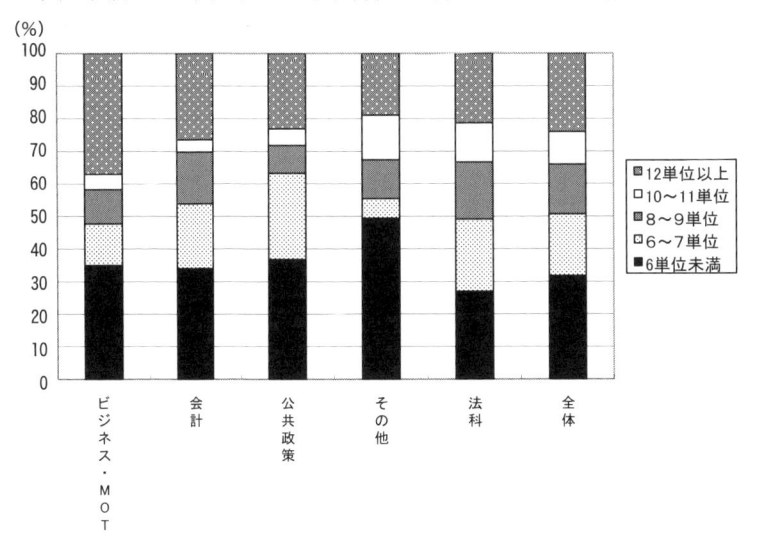

図3-20　専任教員の年間授業担当数

ば、その相違がより明確になるものと思われるが、この分野には株式会社立も多く、そうした新規参入の大学群では教員一人あたりの負担が大きいのではないかと推測される。

(3) 学位取得状況

最後に、分野別にみた教員の学位取得状況であるが（図3-21）、「学士・その他」取得にとどまる者が3割近いことが目を引く。ビジネス分野などでは、第一線での実務に詳しい実務家教員に多いようにも思われるが、分野別の構成比をみてみると、むしろ実際は会計や法科に多いことがわかる。確かに、公認会計士ならびに法曹資格を取得している現場の実務家が専任教員にリクルートされていることからすれば、学位の取得・保持は必ずしも必要ではないともいえよう。一方で、ビジネス・MOT分野などでは、博士学位・Ph.D取得者が過半数を占めており、研究教員の層も厚いことが推測される。

次に、設置者別にみてみると、学位取得状況の差が顕著である（図3-22）。国立では博士学位を持つ者が6割を超えているのに対し、新規参入した株式会社立では2割程度しかおらず、一方で半数以上が学士学位にとどまっている。株式会社立はビジネスや会計での設立が多く、そうした分野的な特徴が

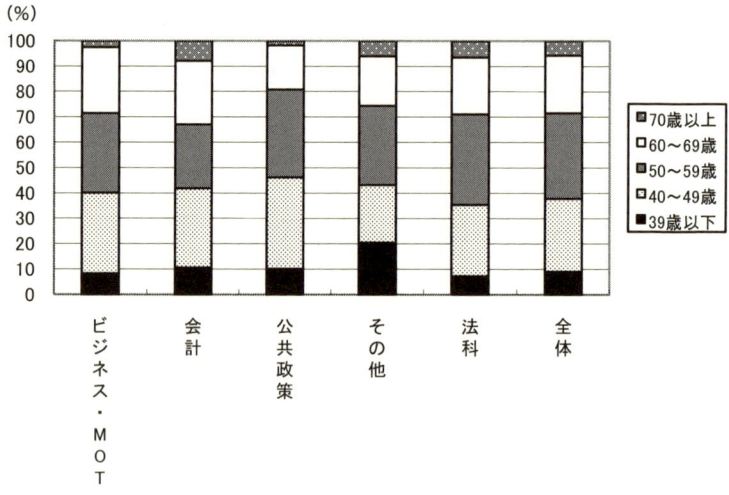

図3-21　専任教員の学位取得状況（分野別）

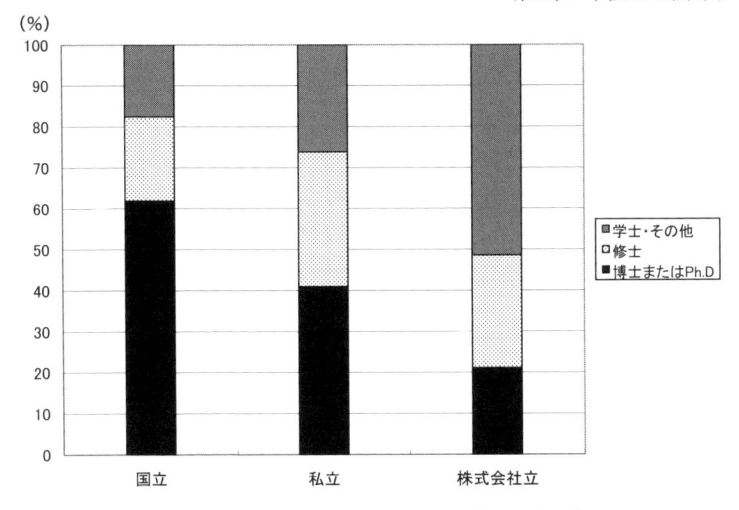

図3-22 専任教員の学位取得状況（設置者別）

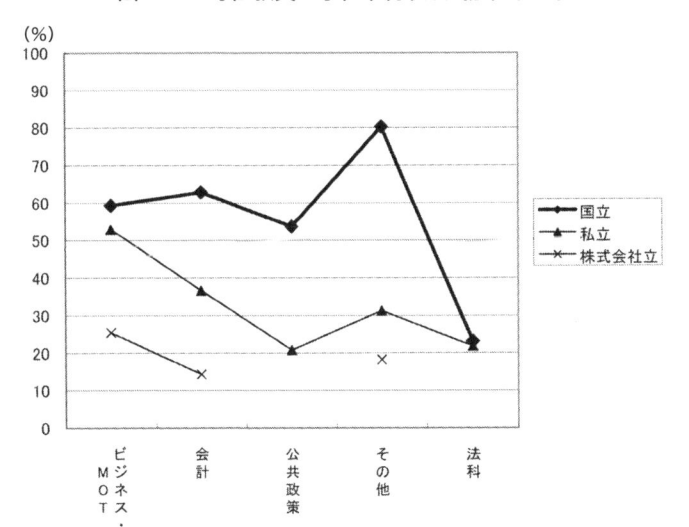

図3-23 分野・設置者別にみた「博士学位」取得教員の割合

現れているとも考えられる。

そこで、分野別・設置者別に、博士学位と学士学位の教員割合をみたものが図3-23～図3-24であるが、博士学位取得率はどの分野についても国（公）立セクター＞私立＞株式立となっており、一方、学士学位にとどまる者の割

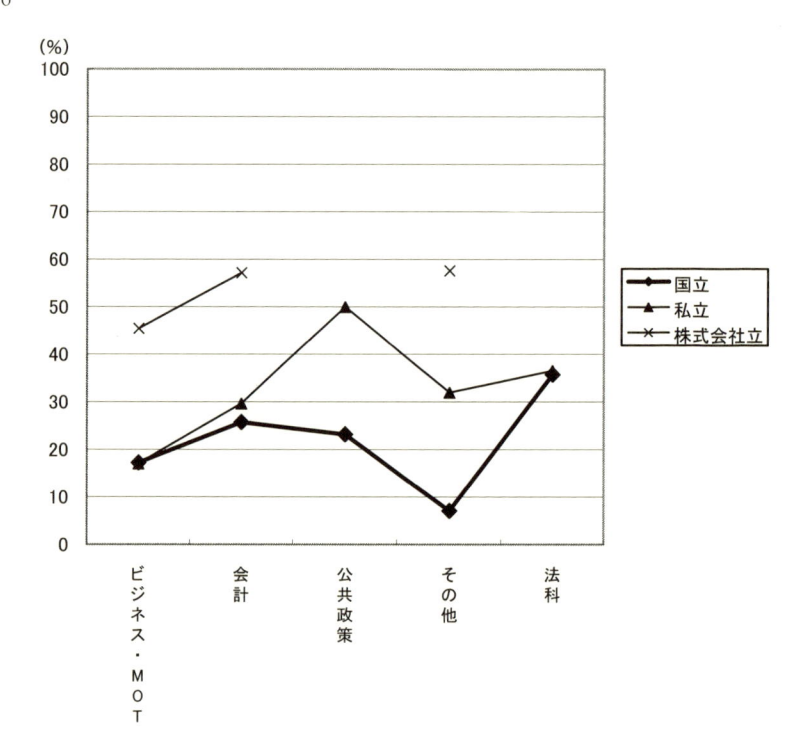

図3-24　分野・設置者別にみた「学士学位」取得教員の割合

合はその逆になっている。分野よりも設置者による要因の方が、教員の博士学位保有率に大きな影響を与えていると言えよう。これは国(公)立セクターでは、専門職大学院設立の際に学内の関係部局から博士学位を持つ教員の異動・補充によってスタッフが整備されたのに対して、新規参入の株式立の場合には新たに教員をリクルートする必要から、学位にこだわらず第一線の実務者や同じ企業グループ内の人材をもって教員に当てるなどの措置がとられたのではないかと推測される。ただこれらの専任教員のデータは、実務家教員と研究教員の区分がなく、第2章でみたように株式会社立では実務家専任教員の割合が高いことからくるものかもしれない。したがって、専門職大学院の教員のリクルート源や属性分析については、今後詳しい調査・分析が必要であろう。

いずれにしても、これらの専門職大学院の教員層の学位取得状況からは、研究教員と実務家教員の配分の差配が各大学院、分野ごとの特色を引き出す重要なポイントとなっていることが推測される。実際にこの研究教員と実務家教員双方の処遇については、それぞれの特長を生かした様々な取り組みがなされているが、それらは第4章以降の各大学院のレポートに詳しい。

以上、本章では専門職大学院に入学する学生層、ならびに在職している教員層について、既存の調査データを再構成しながら、その概観を考察してきた。マクロなデータからは、それぞれのバックグラウンドや特徴などの詳細な分析は難しいものの、第4章以降のレポートでは、ここで考察した特徴や問題点などが各大学院のレベルでどのように活かされ、または対応されているのか、個々の事例を読み進めていく中での参考になるものと思われる。

【注】
1 社会人とは、各年度の「5月1日において職についている者、すなわち、給料、賃金、報酬、その他の経常的な収入を目的とする仕事に就いている者」であり、また「ただし、企業等を退職した者、及び主婦なども含む」と定義されている（学校基本調査）。
2 「その他」には学校基本調査でのカテゴリーである「進学者」「就職者」以外すべてを含む（すなわち「臨床研修医（予定者を含む）」「専修学校・外国の学校等入学者」、「一時的な仕事に就いた者」「左記以外の者」「死亡・不詳の者」）。
3 図3-17の「その他」は、販売従事者、サービス職業従事者、保安職業従事者、農林漁業作業者、運輸・通信従事者、生産工程・労務作業者、上記以外のもの、が含まれる。ただし専門職大学院の修了者の場合、「その他」のカテゴリーの者のほとんどは、「上記以外のもの」が大半を占めている。

第4章　それぞれの舵取り

1. 事例機関の分類と枠組み

　本章では、専門職大学院が、どのような経緯で設立され、「専門職」を養成すべく、どのようなカリキュラムを編成しているか、教育方法にどのような特徴をもたせているか、そして現在何を課題として抱えているかを、11の事例から具体的に検討する。

　これらは、専門職大学院を訪問し、研究科長をはじめとする関係者に対して行ったヒアリングにもとづき、各種の関係資料から得られた情報を加えてまとめたものである。事例に関しては、以下に示す枠組みにもとづいて選定した複数の候補機関から、ヒアリングに応じていただいた機関を調査した。

　事例の分類には、以下の2つの軸を用いた。1つは専門職大学院の設立母体であり、もう1つは専門職資格の有無である。前者に関しては、専門職大学院には、従来の大学に加えてこれまで大学ではなかったところが参入したことに大きな特徴がある。それらは、専修学校法人や教育関係の株式会社であり、これまでも教育という営みには関わっていても、大学経営は未経験であった。そうしたなか、比較的容易に設置できる専門職大学院の制度を利用して、学士課程をもたないまま大学院課程のみを設置した。学士課程をベースに置き、それを上に伸ばして大学院を設置してきた従来の大学とは、大学経営という点で異なる範疇に属する。

　2009（平成21）年現在、専修学校法人や株式会社がそもそもの設置母体であった専門職大学院は13あり、専門職大学院のうちで決して多くを占める

わけではないが、序章で述べた高等教育のグローバルな変動を視野にいれたとき、これら新規参入の専門職大学院の動向は注目に値する。そのため、設置母体が伝統的な大学か新規参入かを軸の1つとした。

もう1つの軸を専門職資格の有無としたのは、それがカリキュラムの編成、大学院生の入学目的や学生生活などの専門職大学院の教育の在り方に大きく関係するからである。

国家試験などで職業資格が社会的に制度化されているものに関しては、専門職大学院における教育内容はそれをターゲットにして編成され、資格取得者をどれだけ輩出するかが教育目標の1つに掲げられる。その際たるものは法科大学院である。司法試験に合格しなければ、法曹職に入職することはできないのであり、司法試験をまったく無視した教育はできない。それと、比較的近いのが会計専門職大学院である。公認会計士の国家試験は、司法試験に次ぐほどの難関な試験である。

それと比較すると、教職大学院は、資格取得者のブラッシュアップを図ることに重点が置かれ、資格取得に向けて教育活動が収斂していくその程度は弱い。とはいえ、教員資格は専門職であり、専門職の遂行に直結する教育内容を考慮せねばならないという点で、法科や会計に準ずるものとした。

他方で、専門職大学院のなかには、日本では、必ずしも専門職としての資格が制度化されていないもの、社会的にもまだ認知が十分でない領域で設置されたものが多数ある。MBAはその代表である。MBAの学位取得者は何ができればよいのか、そのためにどのような教育内容が必要なのかといったことに関する明確な合意形成はないといってよい。公共政策、公衆衛生なども、アメリカにはプロフェッショナル・スクールが多数あり、社会的にも専門職としての認知度が高いが、日本ではそうした領域に専門職が配置されるという社会経験をもたない。

ましてや、IT、映像、ファッション、美容などは、それらの領域におけるスペシャリストの存在はあるものの、それを専門職という程の職務遂行の範疇が明確ではないうえ、これまで大学院教育どころか学士課程教育が不可欠と必ずしも考えられてこなかった。そうしたところで専門職大学院が、どの

第4章 それぞれの舵取り

```
                         専門職資格 有

              法科（駿河台）      助産（天使）
              会計（関西学院）
              教職（創価）
        伝統 ─────────────────────────────────── 新規参入
              MOT（芝浦工業）    MBA（グロービス、事業創造）
              公共政策（早稲田）  IT（神戸情報）
              公衆衛生（京都）    映像（映画専門）

                         専門職資格 無
```

図 4-1　事例の分析の枠組みと対象機関

ように専門職養成に関わっているのだろうか。

　こうした観点に立つと、専門職大学院の設立母体における伝統と新規参入、専門職資格の有無の2軸で4つの象限が構成される。それぞれのカテゴリーから領域を考慮して、最終的には11専攻を選定した（**図4-1**参照）。

　ここでとりあげた専門職大学院の領域と具体的な事例について、その選定理由について述べておこう。第1象限には、助産の専門職大学院を取り上げた。ここで事例とする天使大学大学院は、終戦直後に設立された専門学校を濫觴としており、短大を経て2004（平成16）年には大学に昇格しており、その点では新規参入の機関とは言いがたい。しかし、助産師の養成はこれまで主として助産師養成所や短大の専攻科であり、4年制大学は少なかった。近年、ようやく助産師の前提となる看護師資格の取得が4年制大学へ移行途上にある段階で、天使大学は大学院に進出した画期的な事例である。その経緯を考えると、助産師を大学院において養成することはプロセスを一段飛び越えたと形容するにふさわしく、伝統的な法曹職、会計専門職、教職とはやや距離がある。また、天使大学の場合、大学設立に至ったのが2004年と新しく、そうしたことを考慮して、第2象限との境界領域にあるとして第1象限に置くことにした。

　第2象限でとりあげたのは、法科、会計、教職である。法科大学院に関しては、第2章で検討したように司法改革と専門職大学院制度とが奇妙なドッキング

をした結果の産物である。発足直後から、大学院修了者数が司法試験合格者数を遥かに凌駕するというアンバランスが問題になり、2009（平成21）年には法科大学院の定員削減という事態に至っている。法科大学院が設立されて、法学部という従来の法曹職輩出の学部の微妙な位置づけも問題であると言われる。また、会計大学院は、公認会計士資格の取得に専門職大学院を通過することが必須とならなかったこと、すなわち、バイパスが残されたことの問題にどのように対処するかが、課題であると言われている。

　教職大学院は、現職教員の再教育と教員経験をもたない学卒者への大学院教育との両方を抱え、教職の専門職化にどのように貢献するかという課題が問われるなか2年目が始まっている。

　第3象限には、専門職大学院として進出した領域が、日本では専門職資格として明確に認知されていないが、アメリカのプロフェッショナル・スクールとしては一定の認知を得ている領域としてのMBA、MOT、知財、公共政策、公衆衛生などが含まれる。このうち事例としては、MOT、公共政策、公衆衛生の3つを取り上げた。従来の大学院教育との関連性、大学院として設置した専攻が、日本では専門職として確立するか否かという問題を根底に抱えての出発である。

　第4象限は、新規参入の設立母体による専門職大学院であり、設立された領域は多様である。ここでとりあげた2つのMBAは、伝統的な大学が設置したMBAとは一線を画して、そのユニークさを掲げるものである。大学教育の範疇に依らず独自のMBA教育を展開してきたグロービス、起業家の育成という新たな領域への進出をめざしている事業創造大学院大学をその典型として取り上げた。

　それとともに、ITや映像といった、伝統的な大学および大学院教育にはそうした教育課程を前面に掲げるところがなく、かつ、専門職として必ずしも確立していない領域の専門職大学院を検討した。これらは、デジタル・メディア、ファッション、美容など、これまでおよそ大学ないし大学院教育の範疇と考えられてこなかった領域に、設置母体を伝統的な大学としない機関が参入していることを特徴とする。大学経営経験をもたない専修学校法人や

株式会社が、どのように大学経営を行っているかが、興味深い。

このような枠組みに位置づけた専門職大学院であるが、それぞれの事例の具体的な実態を見ることで枠組みの有効性の可否を検討することができるであろうし、また、こうした枠組みに個別の専門職大学院を位置づけることで、個別事例をこえて各事象に分類された専門職大学院を相対化してみることができるのではないだろうか。以下、事例として選定した11の専門職大学院の日常の活動の詳細を検討しよう。なお、事例中のインタビューさせていただいた方々の肩書きはいずれも当時のものである。

2. 日本初、助産師養成のための専門職大学院
——天使大学大学院助産研究科

札幌駅から地下鉄で1駅。都心ではあるが閑静な住宅街の一角に、天使大学の専門職大学院(助産学)はある。決して大きくはないが陽の光が降り注ぐキャンパスには、女子学生の明るい声がいたるところでこだましている。

天使大学の歴史は古い。1947(昭和22)年に、ローマに本部を置く「マリアの宣教者フランシスコ修道会」が高度な看護教育を開始することを決定し、この地に札幌天使女子厚生専門学校を設立したのが、本大学の濫觴に当たる。その60年近い歩みの中で、看護師・助産師を中心に8,500名あまりの卒業生を輩出してきた。1950(昭和25)年に短大に昇格、さらに2年後に助産婦学校を設立(昭和40年に短大専攻科へ改組)、2000(平成12)年には4年制大学へと改組転換して、現在では学士課程として看護栄養学部(看護学科、栄養学科)を、また大学院レベルでは看護栄養学研究科(従来の修士課程)のほか、今回取材した助産研究科(専門職学位課程)を擁するに至っている。

助産師を養成する専門職大学院の開設は、2004(平成16)年4月のことである。この種の専門職大学院は、わが国では天使大学をおいてほかに例を見ない。通常、助産師は、看護師教育(3年)を受け、看護師国家資格を取得した後、助産師養成所・短大専攻科(いずれも1年)、あるいは4年制の看護系大学の助産課程を経て、助産師国家試験にパスする必要がある。つまり、看護

師資格に加えて、さらに妊娠の管理、正常分娩介助、産褥や新生児のケアなどの臨床実習を必要とする専門職なのである。

天使大学も、これまで長い間、助産婦学校－短大専攻科で助産師養成を行ってきたわけだが、他に前例を見ない新しい大学院の立ち上げについて、近藤潤子学長・研究科長は、次のように振り返る。「天使病院で4年、アメリカに5年、再び天使で6年、築地産院で4年、聖路加に21年、助産業務や助産師教育に携わっていく中で、その養成は大学院レベルで行わなければいけない、と決心するようになったのです」。

(1) 理想と制度―天の配剤

近藤学長は、1997（平成9）年に天使短大に着任、まずは4年制大学への改組転換に着手し、それを実現させた後、短大専攻科の助産師教育を「どこにもっていくか」という問題に行き当たる。大学は2003（平成15）年度に完成年時を迎えるわけだが、それに間に合うように助産師の教育課程をどう扱うかを決定しなくてはならなかったからである。他の4年制看護系大学のように、4年次に選択科目として保健師養成コースと併存させる道もあったが、それでは助産師としての実習などが不十分なまま詰め込み教育となり、助産師としてのアイデンティティも涵養できないなどの見解から、その道は早々に放棄する。またアメリカではすでに制度化されているような大学院（プロフェッショナル・スクール）での養成が理想ではあったが、しかし従来の修士課程教育では、論文作成に力が注がれがちでかなり学究的な色彩が濃くなってしまう。近藤学長は、「論文を書かせるよりも臨床のケアを深く探求させたい」と、助産師教育には実践の体験を優先させたいと強く望んでいた。

こうした半ば相反する理想を具体化させたのが、まさに専門職大学院制度であった。改組転換した大学の学年進行とシンクロする形で、その制度設計が徐々に明らかとなってきた。「これは『いい』と。この形で出せるのなら、絶対それに乗ろう」と近藤学長は思ったという。そして、「みるみるうちに、国会審議を通り省令化されて、2003（平成15）年の6月までに申請を出せば

翌年の開設に間に合う、そのぎりぎりのタイミングで全てが進んだ。制度の制定が間に合うならば、学士課程の完成年次に引き続き、あいだをあけずに開設したかった。大変急ぎましたが、ともかく6月に申請を出し、いろいろなやり取りがあったものの、ともかく認可していただいた」とのことである。

　こうして、2004（平成16）年4月に、日本初の助産師養成の専門職大学院が誕生したわけだが、学長によれば、「べつに日本初をねらったわけではなくて、いちばん良い状態の助産師教育を実践するのに、非常にいいタイミングで新しい制度が出現した」だけだとしている。まさに、近藤学長の助産教育における長年の実績とそれに賭ける熱い理想、そしてそれを具現化する新たな大学院制度が渾然一体となり、まさに天の配剤の妙とでも言うべきものだった。

(2) 助産師のコンピテンシーとカリキュラム

　ところで、助産師とはその名称からすると、出産だけを取り扱う仕事のように想像しがちである。しかし実際には、妊娠、出産、産褥期の女性や新生児のケアのほかに、女性全般の性と生殖、不妊や遺伝に関わる健康教育・相談、カウンセリングなど、その役割は広がる一方である。また、女性のライフコースも多様化している中で、個々の女性の価値観を尊重しつつ、最善かつ最適な出産方法についての情報の提供や精神的な援助も必要とされると同時に、出産介助に当たっての体力はもちろんのこと、的確な判断力や機敏な行動力が要求される専門職であると言える。

　このように女性のリプロダクティブ・ヘルス全般に関わる領域が拡大化・複雑化する中で、それを扱う助産師の仕事も、当然のことながら幅広くかつ深い知識とスキルが必要となってくる。そしてなによりも、「現場でいま何をしなければならないかがわからなければ行動が出来ない、そして行動が出来なければ、即、命に関わるという仕事」（近藤学長）の内容からして、教員と学生双方の真剣な取り組みが求められる。

　こうした高度な知識と技量を持った助産師を養成するため、専門職大学院

のカリキュラムとして、1. 少人数教育によるセミナー、2. 双方向教育、3. 実習・インターンシップ、4. 実践例にもとづく教育、5. メントーシップとプリセプターシップによる教育、などを特色として打ち出しているが、特に近藤学長が重視しているのは、助産師が持つべきコア・コンピテンシーの育成である。それを一言でいえば、学生が主体的に学び相互に意見交換を行いながら、エビデンスにもとづく（科学的なデータ・根拠にもとづいた）助産実践（いわゆるEBM）に必要な専門知識とそれができる能力の涵養・育成、ということになろう。学生側からいえば、自分が学んだ理論や知識を、実践を通して行動に統合する学習が求められるわけである。

(3) 実践と知識の架橋

　そのため、指定規則の「助産学実習」では8単位であった部分を22単位に増加させ、これまでの助産師養成課程では分娩10例程度とされていた実習の内容も、妊婦健診・保健指導35例、産婦診断・ケアと正常産13例以上、褥婦・新生児ケア13例以上、家庭訪問（継続事例含む）6例など合計70例程度にまで、大幅に拡充させている。その結果、1, 2年次における基礎実習やインターンシップ実習は、のべ30週間にも及ぶ（図4-2、図4-3参照）。

　受け入れ先の実習機関としては、「よいケアが行われていて実習生を受け入れてくださる機関ということになると、機関先がどうしても限られてくる。1年次の実習などは、できれば札幌近郊で実施したいが、結局はかなり遠方まで手を広げなければ、必要な例数が確保できない」という。1年次の実習先は6〜8カ所、また2年次のインターンシップでは、みなし教員の助産所が3カ所のほかに、全国に約8カ所を確保している。

　1年次の場合、実習先が遠いと学生は大学に戻って図書館で調べられないため（実習期間中、図書館は24時間開放している）実習先に図書を運びミニ図書館を用意することもある。実習には必ず教員（あるいは非常勤の実習指導教員）を1人つけ、さらに現場では臨床指導者（天使大学で年に3回、研修を行う）を指名するというように実習指導を徹底している。こうした実習先やその確保

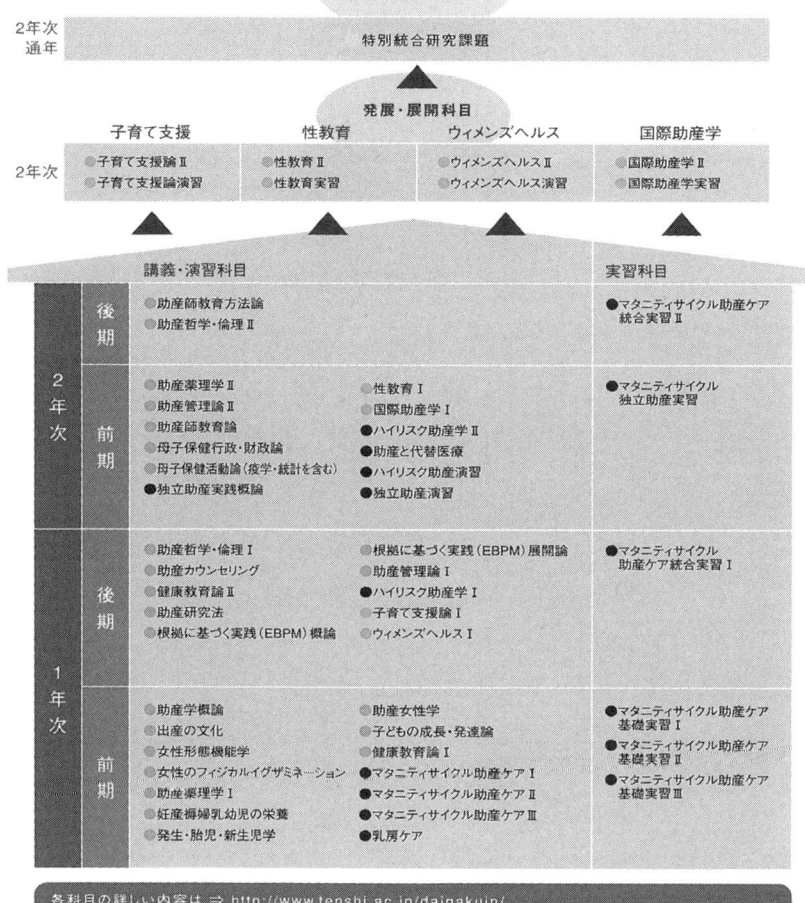

```
                          特別統合研究科目
2年次                      ┃
通年                    特別統合研究課題
                          ▲
                       発展・展開科目
         子育て支援      性教育      ウィメンズヘルス    国際助産学
2年次    ●子育て支援論Ⅱ  ●性教育Ⅱ   ●ウィメンズヘルスⅡ  ●国際助産学Ⅱ
         ●子育て支援論演習 ●性教育実習 ●ウィメンズヘルス演習 ●国際助産学実習
```

		講義・演習科目		実習科目
2年次	後期	●助産師教育方法論 ●助産哲学・倫理Ⅱ		●マタニティサイクル助産ケア統合実習Ⅱ
	前期	●助産薬理学Ⅱ ●助産管理論Ⅱ ●助産師教育論 ●母子保健行政・財政論 ●母子保健活動論（疫学・統計を含む） ●独立助産実践概論	●性教育Ⅰ ●国際助産学Ⅰ ●ハイリスク助産学Ⅱ ●助産と代替医療 ●ハイリスク助産演習 ●独立助産演習	●マタニティサイクル独立助産実習
1年次	後期	●助産哲学・倫理Ⅰ ●助産カウンセリング ●健康教育論Ⅱ ●助産研究法 ●根拠に基づく実践（EBPM）概論	●根拠に基づく実践（EBPM）展開論 ●助産管理論Ⅰ ●ハイリスク助産学Ⅰ ●子育て支援論Ⅰ ●ウィメンズヘルスⅠ	●マタニティサイクル助産ケア統合実習Ⅰ
	前期	●助産学概論 ●出産の文化 ●女性形態機能学 ●女性のフィジカルイグザミネーション ●助産薬理学Ⅰ ●妊産褥婦乳幼児の栄養 ●発生・胎児・新生児学	●助産女性学 ●子どもの成長・発達論 ●健康教育論Ⅰ ●マタニティサイクル助産ケアⅠ ●マタニティサイクル助産ケアⅡ ●マタニティサイクル助産ケアⅢ ●乳房ケア	●マタニティサイクル助産ケア基礎実習Ⅰ ●マタニティサイクル助産ケア基礎実習Ⅱ ●マタニティサイクル助産ケア基礎実習Ⅲ

各科目の詳しい内容は ⇒ http://www.tenshi.ac.jp/daigakuin/

図4-2　カリキュラム（2006年度）

教育課程は、基礎科目、実践専門科目、発展・展開科目および特別統合研究科目の4つに分類されます。

●**基礎科目**
　助産という現象、助産師の責務・役割・職業倫理などを理解し、助産師としてのアイデンティティを養います。また、助産実践に必要な生理・生理学的、心理・社会学的現象の理解を深めます。さらに、助産管理、助産師教育、地域での助産活動などについても学びます。

●**実践専門科目**
　「講義・演習科目」では、助産ケアのコアであるマタニティサイクル期の正常と逸脱を判断し、助産ケア実践に必要な基礎的知識・技術を学びます。また、助産所等の管理・運営、助産所で行われている助産ケアについても学びます。
　「実習科目」では、1年次は基礎的な助産ケアの実践から始まり、妊娠〜産褥・新生児期までの連続性をふまえた、より個別的な助産ケアの実践を行います。2年次前期には、助産所等で女性主体の助産ケアの実践を学び、後期では助産師として職業倫理をもとに、自律した助産ケアの実践を目指します。

●**発展・展開科目**
　女性の生涯を通じた性と生殖の健康支援の担い手としての助産師の役割を学ぶために、「子育て支援」「性教育」「ウィメンズヘルス」「国際助産学」の4コースがあります。このうち1つを選択し、講義・演習・実習をとおして理解を深めます。

●**特別統合研究科目**
　1, 2年次の学習、助産実践をとおして院生が探究したい課題をもとに、2年次に実践した助産ケアを評価・分析し、より質の高い助産ケアに向けて多面的・全体的に考察します。

〈履修要件〉

区分	必修	選択
基礎科目	23単位	3単位以上
実践専門科目	29単位	
発展・展開科目	5単位	
特別統合研究科目	1単位	
修了要件単位数	58単位	3単位以上
	61単位以上	

	4月	5月	6月	7月	8月	9月	10月	11月	12月	1月	2月	3月
1年次	講義			基礎実習Ⅰ・Ⅱ・Ⅲ (9週間)		補講 / 夏休み	試験期間 / 講義	統合実習Ⅰ (6週間)		冬休み	統合実習Ⅰ (6週間)	試験期間 / 補講
2年次	講義 / 特別統合研究課題		インターンシップ実習 (6週間) / ハイリスク助産演習	ハイリスク助産演習 / インターンシップ実習 (6週間)		補講 / 夏休み	統合実習Ⅱ (2週間)	発展・展開科目演習・実習 子育て支援／性教育 ウィメンズヘルス／国際助産学 / 特別統合研究課題		冬休み	発展・展開科目演習・実習 子育て支援／性教育 ウィメンズヘルス／国際助産学 / 特別統合研究課題	学位記授与式

図4-3　年次教育計画

については、天使大学の卒業生などのバックアップに支えられているところも大きいと言うことである。また2年次のインターンシップで利用する助産所は、沖縄から北海道内まで全国津々浦々であるが、学生はその現場で助産師のなすべき仕事を「全て」行う。従来の助産教育では、実習は医療機関のみで行い、こうしたインターンシップが全く欠けていた。それがこの専門職大学院の大きな「売り」でもある。

(4) 若い学生たち

　このように実践に重きを置くという点では、まさに新しい制度のポリシーにも沿っている。しかも学生定員は1学年40名に過ぎない（「学校基本調査」によると、実員は2004（平成16）年度入学者27名、17年度が34名）から、少人数教育はより徹底したものとなっている。

　入学者のプロフィールとしては、毎年、助産師免許既取得者が1～2名、社会人が2～3名、そのほかは天使大学を含む看護系4大からストレートに入学しているという。合格率は100％ではないと言うが、学力的なものよりもむしろ健康上の問題や助産師としての資質などがスクリーニングの基準となっているようである。いずれにしても、学生層は20代前半が大半を占めることになる。アメリカの場合、助産師養成は大学院修士課程におかれていて学生の年齢平均は33～34歳程度だから、近藤学長としては、「看護師としての臨床経験を積んだ後に入学してもらうのが望ましい」という。

　現在、まだ1期生しか卒業生を輩出していないが、助産師国家試験の合格

率は100％を誇っている。進路としては、在職していた病院に復帰した者が2〜3名、実習した機関に就職した者などのほか、開業した者が1名（入学以前に看護師としての経験がかなりあった者）といった内訳であるが、在学生の中には将来開業を希望する者が最も多く、次いで国際活動を行いたいという希望者とのことである。

(5) 例を見ない教員の充実

　学生数を絞り込んでいる一方で、彼女らを指導する教員スタッフは非常に充実している。国際的・学術的にも助産師の実務にも優れた専任教員16名をそろえ（どの教員も設置基準の「5年以上の実務経験」を有している）、各専門分野においては著名な非常勤講師も控えている。学長は、「ほかの既存の大学院では、大体8名の専任教員でまかなっている。そういう目で見ると、大変贅沢な印象を持たれるかもしれない」という。専門職大学院に認められている「みなし教員」の枠や他学科との兼任も認められるので、実際にはしばらくの間、その他の必置の専任は最低7名でよいことになる。だが、天使ではこのほかにも、先に挙げた「実習指導教員」や「臨床指導者」がそれぞれ現場や実習先にいるわけだから、やはり教員スタッフの充実ぶりは特筆すべきであろう。

　高度な助産師教育にはこれほどまでに手厚い人的リソースが必要であるということなのだろうが、しかしそのスタッフに要する人件費は、法人にとって持ち出しとなっているはずであり、学長自身「確かに人件費を含むコストは大きいが専門職大学院を持つことは大学全体に大きいメリットをもたらしている」と吐露する。学生の学費は1年分150万円であり、これは他の私立大学大学院看護修士課程の学納金と同額であるが「国公立の2倍に近い」。これは学部からストレートで入学してくる者にとっては、非常に大きな負担だと言えよう。独自の奨学金なども用意されているものの、全ての学生にいきわたるわけではないから、学長の苦悩が窺い知れる。

(6) 内憂外患

　さて今回の取材を通して、天使大学では助産師養成が理想に近い形で実践されている印象を強くもった。では、今後、この種の専門職大学院が他機関にも広がっていくだろうか。近藤学長は語る。「助産関係のほとんどの方は、こうした専門職大学院を作ることができればいいと思っているでしょう。しかし一番の問題は人件費です。もし数カ所の助産所養成機関が協同して専門職大学院を作り上げることができれば、教育の質を高めて定員を拡大することができます。可能性は大いにあると私は思います」

　ただ、現在は、既存の修士課程の中に助産学専攻を増設したり、学士課程修了後の5年目に1年の専攻科を作るといった動きが主流である。

　また、助産師教育と看護師教育との関連もある。専門職大学院として助産師教育が出発するに当たって看護教育界の示した反応は大きく2つに分かれていた。

　助産師の歴史は古く1874（明治7）年には医制により制度化された役割の明確な職業であり、1948（昭和23）年保助看法により看護教育終了後に養成が位置付けられるまでは独自の養成課程を持っていた。日本看護協会はそれまでの自宅分娩が急速に医療機関で行われるようになったことから1984（昭和59）年総会においてそれまでの保健師、助産師、看護師の3免許を看護師免許に一本化することを決議した。助産師の母性看護師化である。医療機関勤務の助産師によって構成されている日看協に対し、開業助産師が構成している日本助産師会、および日本助産学会、全国助産師教育協議会はこれに対抗して看護教育終了後の特化した助産師教育を擁護し続けた。

　一方で、1993（平成5）年の11校から現在の122校へ、わずか10数年で急速に看護教育の大学化が推進され、本来看護教育終了後に行われる助産師教育は学士課程の選択科目として設置されることとなった。その結果、従来1短期大学専攻科あたり定員約20名であったものが大学に改組転換されると選択者数は数名となり、助産師養成定数の急激な減少を招くことになった。

　産科医の不足、集約化などで「お産難民」が問題視される今日では、優れ

た多数の助産師の養成が焦眉の急となっている。助産師養成は学士課程の専攻科、あるいは学究型大学院修士課程にも開設され始めた。さらには、先ごろ厚労省は産科看護師が夜間学校で助産師になる道を全国的に整備する計画も打ち出した。天使大学の専門職大学院が開設された後に様々な動きが起きている。こうした流れの中で、この専門職大学院が助産師養成の先進モデルとしてどのような役割を果していくのか注目されるところである。

3. 法科大学院は司法試験を超えられるか
——駿河台大学大学院法務研究科

　国民が司法をより容易に利用できるような司法制度の改革、そのために法曹職の増加と司法試験の改革、法曹職の養成のための法科大学院。専門職大学院の議論のそもそもの淵源は、司法制度改革の議論にある。そうしたなかで成立した法科大学院は、発足直後から構造上の問題を抱えて出発した。それは、司法試験合格者を3,000人程度に倍増し、法科大学院修了者の70～80％が合格する仕組みとする予定であったが、規制緩和のなかで法科大学院を設置する機関は増加し、総定員は6,000人弱まで増加した。当然のことながら、第1回の卒業生が出る2006（平成18）年の司法試験の合格率は48％であり、当初計画を大きく下回ることになった。その結果、2009（平成21）年には定員の18％削減計画が実施される見込みとなった。

　何のための司法制度改革であり何のための法科大学院であったのか、駿河台大学大学院法務研究科を対象として、この問題を考察しよう。

(1) 2種類の法曹養成をめざして

　駿河台大学大学院法務研究科（以下、駿河台大学法科大学院とする）の教育理念は、「国際化・情報化・高度化した21世紀社会に必要な専門知識と、常に批判的・創造的な思考力をもつ法曹の養成」とある。いつの時代でも法曹が高度な専門的知識をもつ専門職であることに変わりはないが、「批判的・創

造的な思考力をもつ」ことは近年とみにその必要性が求められるようになった。それは法曹職それ自体に求められるものが変化したわけではない。養成過程においてそれらを欠くことが問題とされるようになったのである。すなわち、予備校において試験問題をクリアするだけの準備に明け暮れ、思考力を十分身につけていない法曹が増えているのではないかという批判が出るようになったのである。その問題の解消のためには、法科大学院において思考力をもち問題解決に当たれる法曹をじっくりと養成することが期待された。

駿河台大学法科大学院も、そのなかで設立されたが、特色としては、ビジネス・ローヤーとソーシャル・ローヤーの2つのタイプの法曹養成を目的としていることである。前者は、企業活動のグローバル化のなかで中小企業も知的財産法などに精通して企業運営を行うことが必要になっており、それに

四つの科目群

法律基本科目
法曹としての基礎能力を養成

1年次
法学未修者は公法系、民事系、刑事系についての体系的知識をしっかり修得します。

2～3年次
事例問題を取り上げる演習スタイルの授業が中心。問題発見・論理構成能力を磨きます。

実務基礎科目
実務家としての能力を育成

2～3年次
法律実務の基本を修得するため、実務家出身の専任教員と派遣裁判官・派遣検察官・現職弁護士が担当。現職弁護士が担当する「クリニック・エクスターンシップ」など、司法研修所の前期修習にも相当します。

展開・先端科目　2～3年次

共通科目群
現代社会の法曹に求められる法的知識と能力を培う
知的財産法・倒産法など今日的分野の科目群。新司法試験の選択科目にも重なる科目群です。

個人・社会福祉法務関連科目群
ソーシャル・ローヤーをめざす
社会福祉や消費者の立場にたった法曹をめざすための科目群。

金融・企業法務関連科目群
ビジネス・ローヤーをめざす
金融法や企業法務に精通したスペシャリストをめざすための科目群。

基礎法学・隣接科目
1～3年次
視野を広め、法の歴史的発展を理解し、複眼的思考を身につけます。

図4-4　四つの科目群

カリキュラム

法学未修者(3年修了)コース	1年目	2年目	3年目
法学既修者(2年修了)コース		1年目	2年目

区分	科目群	1年次		2年次		3年次		修了要件単位数
法律基本科目	公法系	憲法I 憲法II 行政法I	(2) (2) (2)	行政法II 行政救済法	(2) (2)	公法総合演習	(4)	(14)
	民事系	民法I(民法総則・契約) 民法II(物権) 民法III(債権総論) 民法IV(不法行為等) 民法V(親族・相続) 商法(会社法)	(4) (2) (2) (2) (2) (4)	民法演習I 民法演習II 商法演習I 商法演習II 民事訴訟法	(2) (2) (2) (2) (4)	民事訴訟法演習 民事法総合演習	(4) (2)	(34)
	刑事系	刑法I(刑法総論) 刑法II(刑法各論)	(4) (2)	刑事訴訟法 刑事訴訟演習	(4) (2)	刑事法総合演習	(2)	(14)
実務基礎科目				法曹倫理 民事訴訟実務の基礎 刑事訴訟実務の基礎 クリニック・エクスターンシップ	(2) (2) (2) (2)	法文書作成・模擬裁判(民事) 法文書作成・模擬裁判(刑事)	(2) (2)	(10)
基礎法学・隣接科目	基礎法学科目群			英米法 (2) 法思想史 (2) EU法 (2) 近代日本法史 (2)		Rechtswissenschaftを学ぶ愉しさ (2)		(4)
	隣接科目群			公共政策 (2) 会計学 (2) 自治体政策論 (2) 経営学 (2)		法と心理学 (2)		
展開・先端科目	共通科目群			知的財産法I(特許法) 知的財産法II(著作権法) 知的財産法演習I(特許法) 知的財産法演習II(著作権法) 労働法 労働法演習 倒産法I 倒産法II 倒産法演習 民事執行・保全法 租税法	(2) (2) (2) (2) (4) (2) (2) (2) (2) (2) (4)	租税法演習 地方自治法 国際法I 国際法II 国際法演習 国際私法 国際取引法 環境法I 環境法II 環境法演習	(2) (2) (2) (2) (2) (2) (2) (2) (2) (2)	(20)
	個人・社会福祉法務関連科目群			消費者法 家事紛争と法 子どもの権利と児童福祉 高齢化社会と法	(2) (2) (2) (4)	特別刑事手続 少年非行と矯正教育 国際人権法と難民問題	(2) (2) (2)	
	金融・企業法務関連科目群			経済法 経済法演習 金融法の基礎理論 有価証券法 金融商品取引法 保険法 保険事業の内部管理	(4) (2) (2) (2) (2) (2) (2)	信託法 企業法務 企業再編の法務・会計・税務 企業の資金調達と法 企業行動とコンプライアンス 企業犯罪と法	(2) (2) (2) (2) (2) (2)	

単位数計 ※ 法学未修者は計96単位以上、法学既修者は計68単位以上 (96)

図4-5 カリキュラム

応えることのできる法曹である。駿河台大学法科大学院は特に金融法制に強い法曹の養成に注力している。後者は、高齢化にともなう社会福祉、消費者保護、犯罪被害など個人が遭遇する社会問題を法律によって解決する仕事であり、医療がホーム・ドクターであれば、それに対してリーガル・ドクターとでもいうべき法曹である。全国的にみれば金融法制に強いビジネス・ローヤーの養成を掲げているところは少ない。こうしたことが可能となったのは、実務家教員として初代金融庁長官をはじめとして企業法務の専門家を迎えて教員集団を構成したこともあってのことである。

　2つの柱を掲げているとはいえ、カリキュラムの内容に大きな違いはない。というのは、必修科目に関しては両者とも同一であり、その必修科目は3年制の法学未修者のケースでは、卒業に必要な96単位中72単位を占めるからである。必修の大半は、公法系、民事系、刑事系からなる「法律基本科目」であり、そこに「実務基礎科目」として法曹倫理、民事訴訟実務の基礎、刑事訴訟実務の基礎の3科目が加わっている。これらをベースにしたうえで、選択必修となる「基礎法学・隣接科目」、「展開・先端科目」において、上記の2種類の法曹養成の理念にもとづく科目群が編成されている。ただ、必修科目の年次配当は固定されており、必修選択の余地が拡大するのは3年次まで待たねばならない。このようにカリキュラム編成は実にタイトである。たとえば、ビジネス系の専門職大学院が2年間で30単位の修得で可とされているのとは大きく異なり、1年間あたりに換算すれば2倍をゆうに超える単位修得が課されている。

(2) アメとムチの教育

　これだけの学習を時間量だけでなく質の面でも実質的な意味をもたせるために、1学年入学者約60名を、講義では30名2クラスで、演習では20名3クラス編成で実施している。教員の目が個々の学生に行き届くように、教員と学生、学生間の一体性が学習効果につながるようにとの配慮からのクラス編成である。少人数教育は駿河台大学法科大学院の売りの1つであり、他の法

科大学院でもしばしば採用されているソクラテス・メソッドは、この程度の人数であれば有効性を発揮できよう。また、少人数クラスのよさは授業だけでなく、法文書の作成指導やレポートの添削に関しても活きるという。確かに、20〜30名であれば学生の答案を丁寧に添削・評価して返すことができる。オフィスアワーやTA（ティーチング・アシスタント）制度もあって、授業以外の学習のサポート体制は万全である。こうした環境のなかで、学生は予習と復習の徹底が求められている。科目によっては、宿題が課され、あるいは、レポート提出がありと、密度の濃い学習が続くことになる。

　近年、高等教育においても学生の学習成果が問われるようになりつつあるが、駿河台大学法科大学院では、「実務法曹として必要な基礎的法分野について、下記の観点から理論的、実務的な知識及び能力を身につけさせること」という到達目標が規定されており、その観点として、「1.法制度、法理や条文の趣旨を理解しているか、2.条文の要件・効果を理解しているか、3.条文等の解釈・適用に関する重要な問題点を理解しているか、4.条文等の解釈・適用に関わる主要な判例・学説の考え方や対立点を理解しているか、5.複数の制度や複数の法分野の基本的な連関を理解しているか」、という5点が列挙されている。この全体目標のもとに個々の科目も到達目標が定められる仕組みとなっている。

　この到達目標を実現するための措置の1つが、進級制度である。1年次配当の法律基本科目を22単位以上修得しないと2年次に進級できない。また、各年次の成績不振者は面談に呼び出され、あまりにも修得単位数が少ない者、たとえば、1年次において法律基本科目の修得単位数が3分の1（9単位）未満の者などは、退学勧告を受けることもある。

(3) 学生の勉学態度

　こうした体制のもとで、学生はやはりよく勉強するという。いや、勉強しなければ、ドロップアウトするだけなのだ。相当な学習量が求められることもあって、小川英明研究科長の目には、学生にゆとりがないように映ること

もしばしばあるという。「確かに、かなりの時間を拘束されますから、当たり前かもしれませんが。学部のときにそんなに勉強した経験がない人が多いのかもしれませんね。また、なかには講義をきちんとノートにとるといった勉強の仕方に慣れていない人も見受けられます」と学生の様子を観察している。

そのうえで、「体も精神的にも相当負担を感じている人もいるので、面接のとき健康状態をよく聞きます。「体調はどうだ？」とか「スポーツやってるか？」とかね」と、心身の健康に配慮していると話す。なかなか大変な学生生活であることがうかがえる。

法科大学院がそれほどの学習を課すのも、学生が心身を消耗するほどまでに学習するのも、それはただ1つ、法科大学院へ進学した目的は司法試験に合格することだからである。学生をみても司法試験以外の進路を考えている者は見受けられず、法科大学院修了後も3回の受験チャンスにかけている者がほとんどだという。修了者でさらに司法試験をめざす者には、「法務研究生制度」を設け自主学習の場を提供しているほどだ。司法試験がかなり狭き門となってしまったことは、学生に不要なプレッシャーを与えるものとなっているだろう。「もっと余裕をもって、自分で計画をたてて勉強して、とは思うのですけど」と小川研究科長は言うが、その「余裕」をもてない現実がある。学生からすれば、個々の授業を試験対策にしてしまうことにはならないだろうか。

(4) 学生のプロフィール

1学年定員60名の学生のプロフィールをみれば、年々未修者が増加しており、2009（平成21）年は未修者51名、既修者10名となっているが、未修者のうち70％は法律系の学部を卒業している。それとともに学生の年齢も低下しており、法学部を卒業してそのまま法科大学院、それも未修コースに進学する者が増加しているのである。これは、大学の学部卒業後に司法試験をめざしていた者が、第1期生（2004年度入学）から第2期生あたりで一掃されてしまったことによるところも大きい。いわゆる社会人経験者の比率は2004（平

成16)年には60％を超えていたが、2006（平成18）年には非社会人が60％と両者の関係は逆転している。

　学生の出身大学は比較的バラエティに富んでいるが、入学者を多く輩出しているのは、早稲田大学、中央大学、明治大学などである。他方で数は少ないが、東京大学、京都大学といった国立大学の卒業者もいる。駿河台大学法科大学院の母体である駿河台大学からの入学者はあまり多くはなく、最大となった2009（平成21）年でも5名にすぎない。この理由に関して、母校の卒業生だからといって特に有利な条件は設けていないこと、また、駿河台大学法学部の卒業生はほとんどが就職希望であるためだという。

　法学既修者の場合は標準修了年限で100％が、未修者の場合も80％強が修了しており、学生はほぼまじめに勉強していることが示されているが、問題は司法試験である。2008（平成20）年の新司法試験の結果をみれば、受験者数84名中、最終合格者数は11名である。この年の全国平均が33％であるからそれと比較すれば低い。また、合格者のうち8名が既修者、3名が未修者である。未修コースには、学部時代に法律を学んでいた者が多いにもかかわらず、未修者が3年で司法試験に通るのは厳しい状況がある。

　未修者の合格率が低いことは駿河台大学法科大学院だけの問題ではなく、どこでもおおむねその傾向がある。ここには、法科大学院の定員と司法試験の合格者という量のギャップだけでなく、法科大学院の教育課程だけでは司法試験に通ることが困難という、教育内容と試験内容という質のギャップがあるのではないだろうか。

(5) 学歴と職業資格

　司法試験という専門職への入職資格試験への合格を目的とした教育課程が編成され、それに向かって教育活動も収斂していく構造そのものは、法科大学院に限ったものではない。医師をはじめとして医療関係の専門職も同じ構造をもつ。医学部を卒業しても国家試験に合格しないと医師になれないのと同様、法科大学院を卒業しても司法試験に通らなければ法曹職につけない。

ただ、違うのは、医学部の場合には、教育機関から輩出される学生数と国家試験の合格者数の間にさほど違いがないことである。厳しい選抜を経て医学部に入学し、そこでの勤勉な学習を踏んでいけば、おおむね医師になれるという見通しがある。しかし、法曹職の場合は、学習の勤勉さが法曹職への入職を何ら保証しないという構造がある。

　さらに違うのは、医療職の場合、専門職として何ができなければならないのか、そのために教育機関で何を教育すればよいのかということに関する合意形成が比較的明確にある。他方、法曹職の場合、確かに駿河台大学法科大学院のように学習の到達目標を示しているところはあるが、それは専門職としての必要かつ十分な力量を具体的に示しているのか、あるいは、法曹職側が法曹職として必要とされる知識・能力を明示し、そのもとに教育課程が編成されているのだろうか。

　量的なアンバランスだけが問題として指摘されているが、他方で質の関連性に関する議論はどれほどなされているのだろうか。司法試験はあくまでも両者をつなぐ蝶番であり、蝶番がうまく機能するためには、その両翼のバランスが必要である。

　余裕なく勉強する学生の姿とは、実務に役立つ論理的思考力の涵養といった、法科大学院出発点の目的にそぐわない実態を示してはいないだろうか。また、大学院としてミッションにかなう教育をしたとしても、司法試験の合格率がすべてである状況では、合格者をいかにして多くするかの方策に傾倒せねばならなくなる。事実、駿河台大学法科大学院でも、従来の1年次から2年次への進級に関する要件を拡大して、2年次から3年次への進級に関しても条件をつけることが検討されている。それは、学生の余裕ある勉学をますます奪うことになろう。

　学歴と職業資格の量的質的アンバランスが、法科大学院を取り巻く問題となっている。そのなかで法科大学院の定員削減という措置が取られることになったが、法科大学院が法曹養成のみを目的とするのか、法曹養成を主たる目的としつつも、その他にも高度の法的素養を身につけた修了生（法務博士）の育成をも目的とするのか、今後の法科大学院のあり方についても考える必

要がある、というのが小川研究科長の意見である。法曹職だけでなく、社会の各方面で法律の知識をもった人間が必要ということではじまった司法制度改革だが、「司法試験に通らない者に落伍者のレッテルをはってしまう現実は、能力の浪費のように思える。行政や企業の領域で、法律の知識をもった人間に対する需要は確実に高まっており、そうしたところで法科大学院の修了者がたとえ司法試験を通っていなくても能力を発揮できる場があればよいのだが…」と言う。とはいえ、学歴が職業資格取得の要件でしかない以上、学歴は取得しても職業資格を取得していない人材が活躍できる場は容易には広がらないだろう。また法科大学院のあり方を考えるならば、将来、法科大学院の教壇に立つ教員をどこで養成するのかという問題を避けて通れない。法科大学院の定員を削減した後にも考えるべき課題は多い。

4. 教育理念と試験制度の狭間を進む
──関西学院大学会計大学院

　専門職大学院制度が開始されて2年を経過した2005（平成17）年、会計大学院が9機関で開設された。専門職大学院制度によらずに先行していた中央大学のケースを含めれば10機関、それから2007（平成19）年度までに開設されたものを含めても、まだ17機関に過ぎない。会計大学院が養成をめざす公認会計士は、法曹職と並び立つ確立した専門職である。法曹職の養成をめざすロースクールが、数多く設立されたことと比較すると、会計大学院はあまりにも少ない。それは、なぜなのか。そのなかで設立された会計大学院は、専門職大学院としてどのように地歩を保っているのか。2005（平成17）年の先発組の1つである関西学院大学経営戦略研究科会計専門職専攻のケースから、この問題を検討しよう。

(1) 公認会計士をめぐる社会問題

　現在14,000人の公認会計士を、2018（平成30）年には約50,000人に増加さ

せることを目的として、2003（平成15）年に公認会計士法は改正された。改正の主旨は、公認会計士試験を知識量の多寡を問うものから、基本的な知識の体系的理解と思考力や判断力をみるものへと変更することにあり、具体的には、試験科目の見直し、試験免除枠の拡大、実務経験の義務化などが行われて2006（平成18）年から新試験が実施されている。

　この法改正の背後には2つの流れがあると、関西学院大学の平松一夫学長は次のように説明する。「1つは、暗記中心の受験勉強を経てきた者が、実社会で十分に監査業務に従事できるのかという疑問が生じてきたことです。そのころ企業の粉飾決算、監査業務の不祥事が社会問題となっており、原因追究の矛先は試験の在り方にも向きました。もう1つは、経済のグローバル化の影響を受け、会計業務に国際的通用性が要求されるようになったことです。法レベルでは試験制度の改革ですが、その根源にはこれまでの会計教育の反省、職業会計人の養成方法の模索がありました。2003（平成15）年度からの専門職大学院制度を利用して会計大学院を設立し、新たな会計教育を始めようとなったのは必然の流れといってよいでしょう」。

(2) 職業倫理と国際通用性という理念

　関西学院大学の会計大学院は、東京より西の地域では設立第1号である。もともと商学部が会計教育において長い実績をもち、多くの公認会計士を輩出しているという基盤があることに加え、平松学長が会計教育のエキスパートとして、公認会計士試験の改正などに関わっていたことが大きい。「会計倫理観をもち、かつ、専門的な技量をもち、かつ、国際的に通用する会計人を育成する」という理念を掲げて大学院を設立したと学長は語る。その理念は、カリキュラム上、「会計倫理」と「国際会計論」の2科目が全学生の必修であることに示されている。とくに、関西学院大学は、キリスト教主義をバックボーンとしており、「会計倫理」という科目はその精神を反映している。

　しかし、公認会計士の新試験において、これら必修2科目は受験科目ではない。それでも大学の理念を重視し、必修からはずすことはしない。短期的

にみれば、試験合格者の輩出という目的と矛盾しかねないが、長期的な視野に立ったときこの理念は活きてくると考えられているからである。ここに、関西学院大学会計大学院の意気込みをみることができる。

(3) 社会人の再教育の役割

　会計大学院は、公認会計士の育成のみを目的としているわけではない。職業会計人という範疇に、企業や自治体における経理や財務担当者を含め、そうした者の会計に関する専門性を高めて行く役割も負っている。したがって、関西学院大学の会計大学院は、当初より公認会計士試験の受験を目的としない社会人に対しても門戸を開いていたが、2007 (平成19) 年度からは「企業会計コース」と「自治体会計コース」というコース制を導入した。前者は、国際会計士連盟 (IFAC) の国際教育基準 (IES) で要求されている内容を重視し、国際的に通用する職業会計人の育成という理念の実現をめざし、後者は、NPM (ニュー・パブリック・マネジメント) の専門理論を中心とし、グローバルな発想力をもちつつ地域に根ざして行動できる自治体職員の養成をめざしている。

　さらに前者には、「公認会計士養成プログラム」「企業経理財務担当者養成プログラム」の2つのプログラムがある。「公認会計士養成プログラム」は公認会計士試験の受験を目的としている者、「企業経理財務担当者養成プログラム」は、必ずしも受験が主目的ではないが、最新の企業会計の知識の修得をめざす社会人が中心である。ただこのプログラムは固定されてはおらず、あくまでもカリキュラム・モデルである。公認会計士試験をめざしていたが、あまりにも難関なので進路変更する、その逆に、企業会計を勉強するうちに、公認会計士試験をめざすようになるというケースがあるからだという。

　「自治体会計コース」は、「地方自治体・行政経営専門職養成プログラム」と命名されている。自治体職員の受け入れそのものは、発足当初から実施しており、覚書を締結した自治体から職員を推薦してもらっている。現在41の自治体と締結しているが、なかには山形市、宮崎県日向市など遠方の自治体があり、学生は毎週土曜日終日の授業に夜行バスを利用して「通学」して

いるそうだ。1学年100人の学生定員のうち、「自治体会計コース」は10〜20人の枠を設けており、2007（平成19）年度は19人が入学している。

コース制を導入した経緯について、山本昭二経営戦略研究科長や杉本徳栄教授は、「自治体職員の利便性を考えて、土曜日に授業を集中させる方式を2006（平成18）年から始めました。自治体職員のニーズと公認会計士試験の

	分野	コアベーシック科目			アドバンスト科目		
公認会計士養成プログラム	財務会計	国際会計論 簿記	財務会計論 会計基準論	簿記応用 連結財務諸表論	簿記実践 簿記課題研究	財務会計課題研究	
	管理会計	管理会計論	原価計算論	コストマネジメント	意思決定会計論 業績評価会計論	原価計算課題研究 管理会計課題研究	
	監査	会計倫理 監査論	監査制度論	監査基準論	内部統制論	監査課題研究	
	経営	経営学	経営管理論	経営財務論	経営管理解説 経営戦略	経営財務解説	
	経済	経済学	経済政策		経済学詳説		
	企業法	企業法 租税法基礎	法人税法 商法	会社法	企業法要論 企業法課題研究	企業法詳説 租税法課題研究	
企業経理財務担当者養成プログラム	財務会計	国際会計論 簿記原理	簿記基礎 財務会計基礎	会社法会計論	英文会計 中小会社会計論	環境会計論 企業内容開示論	財務会計事例研究 企業評価論
	管理会計	管理会計基礎 管理会計論	原価計算基礎 予算管理論	コストマネジメント 財務分析	意思決定会計論 業績評価会計論	会計情報システム 管理会計事例研究	
	監査	会計倫理	監査論		内部統制論 システム監査	監査役監査	監査事例研究
	経営・経済	経営学	経営管理論	経営財務論	企業ファイナンス	コーポレート・ガバナンス	
	企業法	企業法 租税法基礎	法人税法 会社法	金融商品取引法 租税法実務	信託法 税務申告実務	租税法事例研究	会社法事例研究
地方自治体・行政経営専門職養成プログラム	財務会計	国際公会計論 簿記原理	簿記基礎 財務会計基礎	公会計論	地方自治体財務会計論 地方公営企業会計論	非営利法人会計論 公会計課題研究	公会計事例研究
	管理会計	管理会計論	原価計算基礎	財務分析	地方自治体原価計算論 地方自治体管理会計論	地方自治体予算管理論 地方自治体財務分析	
	監査	会計倫理	監査論		地方自治体監査論	内部統制論	行政評価論
	経営・経済	経済政策 財政学	行政経営論	経営管理論	地方財政論 地方自治体ファイナンス 地方自治体情報システム 地方自治体マーケティング	行政経営事例研究 地方自治体人事管理論 海外行政経営事情 地方自治体人材開発論	
	企業法	企業法	租税法基礎		租税法事例研究	地方税実務	

上記の公認会計士養成プログラムおよび企業経理財務担当者養成プログラム・地方自治体会計・行政経営専門職養成プログラムの履修パターンを示したものであり、学生はカリキュラムに示される他の科目も自由に選択して履修する事ができます。

図4-6　カリキュラム

受験者のニーズも異なるので、それならば、はっきりコース制をとった方がよいと考えました。会計大学院そのものが新しい制度なので、いろいろ改正しながら進んでいます」と言う。コース制は、社会人の再教育の役割を一層明確にした措置でもある。

(4) 分野とシーケンスで構造化されたカリキュラム

カリキュラムは、「財務会計」「管理会計」「監査」「経営・経済」「企業法」の5分野を柱として、それぞれ「コア科目群」「ベーシック科目群」「アドバンスト科目群」というシーケンスからなるマトリックスとして編成されている（図4-6参照）。上記プログラムのカリキュラムは、このマトリックスを原型として、そこに学生が各自の目的に見合う科目を位置づけて編成する、非常に構造的なものである。修了要件は48単位と多く、かなり密な勉強が要求されている。

他の会計大学院にない特徴としては、たとえば、財務会計分野の「簿記」に関して、コア科目群の「簿記原理」「簿記基礎」「簿記」、次のベーシック科目群の「簿記応用」、アドバンスト科目群の「簿記実践」「簿記課題研究」と、段階に分けて科目が用意されていることを指摘できる。これは、公認会計士試験における短答式、論文式という各試験のレベルに対応させてあり、受験対策を視野にいれて履修する仕組みである。学生は、シラバスや教科書、初回の授業の様子などから進路希望と自分の学力レベルと相談しつつ、どの段階からも履修を始めることができる。

公認会計士試験の合格者輩出と社会人の再教育、一見異なる2つのミッションは、この共通のカリキュラム・マトリックスから実現されるのである。

(5) フル稼働のキャンパス

これを稼動させるための時間配分と教員の配置は、見事である。「企業経理財務担当者養成プログラム」「地方自治体・行政経営専門職養成プログラム」

の学生は、ほとんどが社会人である。平日昼間の講義のある西宮上ヶ原キャンパスに、無理なく通学できる者は少ない。そこで、大阪梅田という交通の利便性の高い場所にキャンパスを開設し、平日の夜間の講義と夏季・冬季の集中講義を展開し、西宮上ヶ原キャンパスでは土曜の終日講義で対応している。「自治体会計コース」の学生は、年間32回の土曜日と夏季・冬季の集中講義で修了できる。また、実務経験3年以上の者は、1年半で修了することも可能である。

春と秋との2回の入学機会、約2カ月のサイクルによるクォーター制は、短期集中で単位を取得し、学業と仕事とを調節しつつ学習を継続するための工夫である。さらに、授業は2コマ連続した3時間授業である。これは、公認会計士試験の試験時間に合わせたものであり、クォーター制では週2コマの履修が必要になることへの対応である。

社会人への対応に柔軟性が求められるとすれば、他方で、公認会計士試験の合格という目的のためには、学習成果の評価は厳しくあるべきだ。しかし、単位を落とした学生には、再挑戦の機会を用意した方がよい。また、春と秋の2回のそれぞれの入学者には、同一メニューの提供が必要である。そのため、同一科目をなるべく多くのクォーターで開講しており、教員にとっての負荷は決して小さくはない。

(6) 公認会計士試験に合わせた入学者選抜

志願者は毎年約120人であり、定員は充足している。2005 (平成17) ～ 6 (平成18) 年度入学者の内訳は、大学新卒が41.3％、既卒が58.7％と社会人がやや多く、年齢でみれば20歳代が62.8％ともっとも多いが、30歳代は22.4％、40歳代は11.7％と続く。

学生の選抜方法には筆記試験型と書類面接型とがあるが、簿記、財務会計、管理会計などの専門科目の筆記試験型の試験による合格者は10～20名程度と少数である。大半は、書類面接型の試験によるものであり、協定を結ぶ自治体や大学からの推薦者にはこの方式が採用されている。また、20数学部

の協定締結大学からの推薦者、成績優秀な学部卒業者、公認会計士、税理士、司法書士、司法試験などの一部の科目の合格者など、すでに公認会計士試験の準備をしている者にも、書類面接型の試験が適用されている。筆記試験型と書類面接型のいずれであれ、公認会計士合格をめざす者については、ある程度の準備ができている者を選抜しているのである。

これに関して、山本研究科長や杉本教授は、「公認会計士の場合、基礎的知識をもたずに大学院に入学してから勉強をはじめるのでは、2年で合格はほぼ無理ですね。ロー・スクールと違って、既習・未習の別がありません。確かに、新試験制度のもとで、会計大学院修了者で公認会計士・監査審査会で認定された者は、短答式試験4科目うち3科目は免除になりましたが、短答式の内容をマスターせずに論文式に合格することは無理です。したがって、どうしても入学時にある程度の基礎が必要になるのです」と説明する。

専門職養成のための大学院であるにもかかわらず、その修業年限では試験準備に不足するため、すでに準備を始めている者を選抜しないと実績があがらない。公認会計士養成に必要な教育期間と会計大学院制度との間の齟齬ではないだろうか。

(7) 課題と展望

もう1つ問題がある。それは、公認会計士試験の受験に、会計大学院修了は要件ではないことである。したがって、以前と同様に専門学校での受験勉強によって公認会計士となるルートは、専門職大学院経由のルートと並存している。会計大学院の教育は、専門学校が教える受験テクニックと競合関係にある。崇高な理念は、公認会計士試験合格者数という現実問題には弱い。関西学院大学でも、公認会計士試験科目の総まとめ講義を行い試験対策としている。単位を付与しないというところで、大学院としての理念を矜持しているのだが、受験をめざす学生からの試験対策を求める声は大きいという。

実際、合格者を多く輩出しているのは、学部時代に専門学校とのダブル・スクールで受験勉強する学生が多い大学だという。会計専門職養成にとって

会計大学院が必須の機関ではないことが、会計大学院が増加しない理由でもある。平松学長は、「せめて、大学院修了者の免除科目が3科目でなく短答式4科目すべてになって、大学院では短答式をきちんと教育するということになれば、受験生はもう少し会計大学院に魅力を感じるようになるのでは」と、期待をもっている。しかし、法律を変更するためには、「もう一遍、国会議員に動いてもらわないとならない」ので、容易ではない。

　会計大学院が発足して2年が経過し、2007（平成19）年度には第1期修了生が出た。関西学院大学会計大学院の2007年度の公認会計士試験の合格者は9名、うち8名が修了者であった。会計大学院のなかでの合格者数は、早稲田大学会計大学院に次いで2位である。理念にもとづく教育の成果として、とりあえずは評価できるだろう。公認会計士の試験は、3月に大学院を修了した後に始まるため、大学院修了後も受験勉強は継続する。そのため、聴講生制度や専門職大学院研修員制度を設け、大学院在学中と同様に、大学の自習室や図書館の利用を可能にしている。また、公認会計士試験の短答式試験合格者が論文式試験を受験するチャンスは3回までであり、会計大学院修了者の多くがそれにチャレンジしており、勉強場所の提供が求められる。

　それ以外に、科目等履修生制度を設け、また、連続セミナーも開催している。これらの目的は関西学院大学の教育に関心をもつ者の裾野の拡大にあり、大学院志願者増加ための布石でもある。

　こうした試みが数年後の合格実績に結びつくか否かが、会計大学院の志願者の動向を左右するものとなろう。そのためには学生の質を上げる教育をしなければならない。それが質の高い学生を多く集め、理念を活かした教育に対する評価として定着するという循環ができることを期待しての日常である。会計大学院教育の理念と公認会計士の試験制度との間の齟齬を埋めるものは、当面は日常の教育しかなく、それは教員の双肩にかかっている。その教員集団について、「目標は皆同じ方向を向いており、理論面で強い研究者教員と実務面で強い実務家教員とは、いい意味で相乗効果がでている」と、杉本教授は胸を張る。

5. 伝統と実績の上にさらなる飛躍を図る
――創価大学教職専門職大学院

　専門職大学院制度が発足してはや6年。様々な領域で株式会社立など新しい形態も含めて多数の大学院が設置されてきた。その最後の波ともいうべきものが、教職領域での大学院である。2008 (平成20) 年度には、北海道教育大学、宮城教育大学、群馬大学、東京学芸大学、上越教育大学、福井大学、岐阜大学、愛知教育大学、京都教育大学、兵庫教育大学、奈良教育大学、岡山大学、鳴門教育大学、長崎大学、宮崎大学、創価大学、玉川大学、早稲田大学、常葉学園大学など、19校が次々と開設された。教育現場でのリーダーの育成ならびに実践力を備えた教員の養成を唱い、定員も全体で700名を超えるなど、専門職大学院の中では大きなセクターへと発展する可能性を秘めている。しかしながら、すでに課題も胚胎しているようだ。現場需要からみると定員規模が過大で、実際のところ、受験倍率 (受験者／合格者) も軒並み1倍強と、学生募集にどの大学院も苦戦を強いられており、実質的には定員割れを起こしている大学院も少なくない。

　そうした中で、本節が取り上げる創価大学大学院教職研究科 (教職専攻) は、希少な私立大学の大学院であり、全国から定員25名のところ3倍を超える多数の応募者があった (現在30名が在籍)。いわば成功の先陣を切っているといってもよい。そこで、同大学院の設置背景と実践的なカリキュラムへの取り組みなどから、この領域の特徴と課題を探ってみたい。

(1) 設立の背景

　同大学院には、大きく分けて2つのコースがある。すなわち、人間教育実践リーダーコースと人間教育プロフェッショナルコースで、後者はさらに取得している小学校教員免許の種別ならびに現職の年限などによって2年制と3年制のコースに分けられている (表4-1参照)。人間教育実践リーダーコースでは、学校における授業等の教育実践、また学校経営に指導的役割を果たせるよう、人間教育の理念に根ざした豊かな実践的指導力と高度な専門性を背

表4-1 創価大学教職専門職大学院のコース・定員・入学要件

コース名	定員	対象学生	備考
人間教育実践リーダーコース1年制	25 (3コース合わせて25名)	現職教員	経験10年以上
人間教育プロフェッショナルコース2年制		教員養成課程修了者（免許状取得者） 現職教員	小学校1種免許取得者、現職10年未満
人間教育プロフェッショナルコース3年制		教員養成課程修了者（免許状取得者）	小学校2種免許、幼稚園2種免許以上、中高1種免許状のいずれかを取得している者

景とした応用力・展開力に富むスクールリーダーの育成を目的としている。また人間教育プロフェッショナルコースでは、学校現場等のデマンド・サイドからのニーズを踏まえ、連携協力校での実習を重視するとともに、実習を大学院での理論的な学習と有機的に関連付けつつ、人間教育の理念に根ざした豊かな実践的指導力と高度な専門性に裏付けされた確かな授業力を有し、各学校の有力な一員となりうる教員の養成を目的としている（同大学院の案内パンフレットから）。端的に言えば、現職教員のさらなる能力向上と、学部からのダイレクトな進学者（ストレートマスター）のための実践力・即戦力養成、ということになろう。

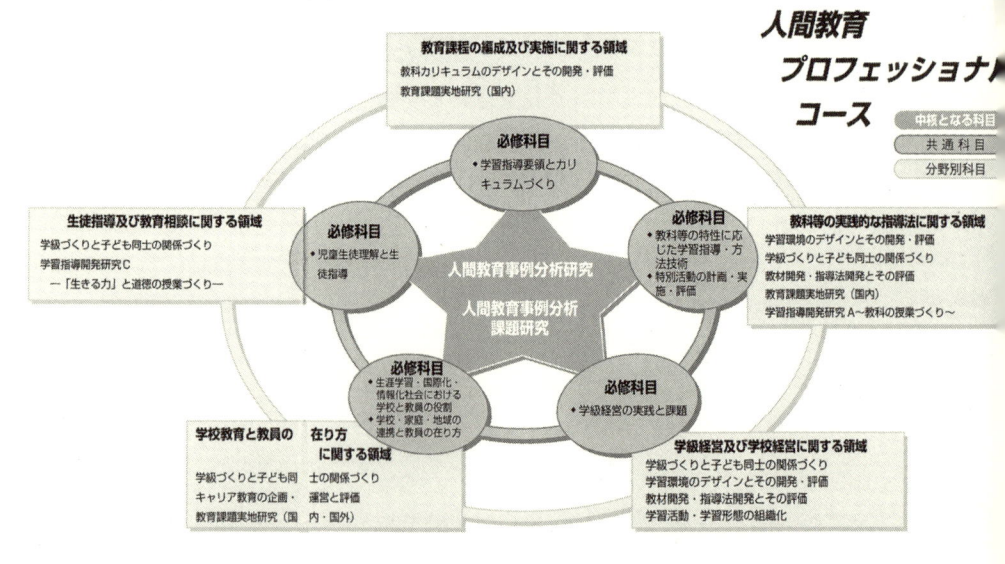

図4-7 プロフェッショナルコース（2・3年制）の理念図

同大ではすでに教育学部を持っており、同学部はこれまでに5,200名を超える教員を輩出してきた。新たな教職専門職大学院の開設は、そうした伝統と実績に鑑みつつも、高い能力を持つ教員養成を今後ともさらに進めていく必要性があるとの認識から創発されたものである。現教育学部長であり専門職大学院でも教鞭を執る坂本辰朗教授は、当時を振り返り、「設置の際には、ここまで大きな機関を作ってしまい良いものか、迷いがあった」と語る。しかし前年度までに、そうした教育学部の教員養成の実績が認められ、「教職GPが通っていたことが明るい見通しとなった」とのことであり、既存学部との有機的な連携がうかがわれる。また、地元の八王子市との関係もプラスに働いているようだ。これまでに、学部段階で教育実習とは別個に「学校インターンシップ」を4単位分開講しており、教職に就こうとする学生の教育に資してきた。これは八王子市内の学校との連携を強め、大学院開設にあたって、教育実習先の確保などの点でも大きく役立ったとのことである。

以上のように、同大学院がその開設当初から順調な滑り出しであったのは、学内外からの連携と実績に依るところが大きかったと言えるだろう。

(2) カリキュラム

専門職大学院は、理論と実践を架橋したカリキュラムが求められており、卒業後の教員市場とのレリバンスの強化とともに、それを可能にする新しい教育方法を積極的に導入することが求められているが、教職専門職大学院ではどのような取り組みが見られるだろうか。

同大学院の場合、教育現場とのレリバンスについては、2009（平成21）年1月に行われた都教委の評価が参考になる。その内容を垣間見てみると、カリキュラムは東京都が求めている共通カリキュラムの内容を明確に位置付けたものとなっており、かつ適正に実施している、と高く評価されている。後述するように、特に年間40日にもわたる教育実習については、教育現場からも非常に好評のようである（2009（平成21）年1月22日付東京都教育委員会と教職大学院との連携にかかわる協議会「同協議会による評価 創価大学教職大学院」より）。

2年コース

	4月	5月	6月	7月	8月	9月	10月	11月	12月	1月	2月	3月
1年次	共通科目　必修科目（2単位）				前期12単位	共通科目　必修科目（2単位）						後期11単位
	共通科目　選択科目（2単位）											
	分野別科目　必修科目（2単位）					分野別科目　選択科目（2単位）						
	分野別科目　選択科目（6単位）					実習研究Ⅰ（7単位）※週1日の実習を20日間、5日間連続実習を4週間						
2年次	共通科目　必修科目（4単位）				前期11単位	共通科目　必修科目（6単位）						後期14単位
	共通科目　選択科目（2単位）					共通科目　選択科目（2単位）						
	分野別科目　必修科目（2単位）					分野別科目　必修科目（4単位）						
						分野別科目　選択必修科目（2単位）						
	実習研究Ⅱ（3単位）※週1日の実習を15日間、5日間連続実習を1週間											

3年コース

	4月	5月	6月	7月	8月	9月	10月	11月	12月	1月	2月	3月
1年次	分野別科目　必修科目（2単位）				前期2単位	分野別科目　選択科目（2単位）						後期2単位
	小学校教諭一種免許状取得					小学校教諭一種免許状取得						
2年次	共通科目　必修科目（4単位）				前期8単位	分野別科目　選択科目（2単位）						後期9単位
	分野別科目　選択科目（4単位）					実習研究Ⅰ（7単位）※週1日の実習を約20日間、5日間連続実習を4週間						
			教育実習（小免用）									
3年次	共通科目　必修科目（2単位）				前期11単位	共通科目　必修科目（8単位）						後期16単位
	共通科目　選択科目（4単位）					共通科目　選択科目（2単位）						
	分野別科目　必修科目（2単位）					分野別科目　必修科目（4単位）						
	実習研究Ⅱ（3単位）※週1日の実習を15日間、5日間連続実習を1週間					分野別科目　選択必修科目（2単位）						

図4-8　カリキュラム編成

都教委や現場との連携を重視したカリキュラム編成や運営が一つの要となっているようだ。

　また具体的な教育方法についてであるが、同大学院では理論に関する科目と実践に関する科目、教科専門科目と教科教育科目のような区分ではなく、それぞれの科目あるいは科目間で両者を意図的に融合させた科目内容を設定している。たとえば、各コースとも20単位以上の「共通科目」を設定し、教育現場の課題を学習課題に据え、具体的な授業の事例、児童生徒への指導事例などを取り上げている。また授業運営の方法としてもグループごとに課題設定、課題解決の方法探索、報告（プレゼンテーション）を行うという相互学習・教授方法を採っている。このために、数多くの科目で複数の教員、多様な専門分野の教員、研究者教員と実務家教員などとのチーム・ティーチング方式

を採用している。さらに同大学院の特徴として、教育委員会や学校現場を訪問してインタビュー調査、国内外の先進校の実地研究や教員研修の実務研究、教育実習などの経験を、それぞれの科目での授業の事前・事後やその他の授業の中で活用・展開するなど、理論と実践とのフィードバック・ループの構築がめざされている（同大学院パンフレットより）。

　こうしたカリキュラムの中で、特に力を入れているのは教育実習である。1年後期には「実習研究Ⅰ」(7単位)として、東京都の公立小学校にて40日間(連続5日間実習を4週間(20日間)、週1日の実習を20週間(20日間))、また2年前期には、実習研究Ⅱ(3単位)として、同じく小学校にて20日間の実習(連続5日間実習を2週間(10日間)、週1日の実習を10週間(10日間))を行うカリキュラムが組まれている。またこの実習には、上述のチーム方式が採られており、研究者教員と実務家教員が原則2人で1チーム、合計4チームを作り、各チームが実習生5名程度を分担し、学生各自の実習における学習課題の設定などの事前指導を行い、連携協力校を訪問指導することとなっている。さらに、大学院と連携協力校との緊密な連絡を図るために、インターネットを活用し、学生、大学院、そして連携協力校がアクセスできる「個人フォルダ」と「資料掲示板」をウェブ上に設けて、上記の三者が情報や意見の交換を緊密にできるようにしたe-ポートフォリオシステムを活用している。

(3) 教員と学生

　さて、こうした実践的・応用的なカリキュラムを支え、また担当するのは研究と実践両者をカバーできる教授集団である。専任教員は12名配置されており、研究者教員は7名、実務家教員は5名である。実務家教員については、元小学校校長、元幼稚園園長、小学校教員経験20年以上が3名といった内訳になっている。そのリクルートに当たっては、設立当初から実践的な教育経験が豊富であることはもちろんだが、しかし研究面でも論文を書ける人材でなければならないとの合意があったという。これは、実践知と研究知は、教員相互の間ではなく、教員個人の内部での統合が図られるべきであるとの理

解に立つものだと言えよう。その意味で、同大学院の実務家教員は、大学院修士課程を修了するなど実務経験を理論的に研究し、学生に対して理論的背景をもって指導できる能力を有する者の配置が最重視されている。

つぎに、入学定員は25名であるが、初年度は30名が入学している。その内訳であるが、現職教員15名、学部新卒者(ストレートマスター)6名、その他(社会人等)が9名となっている。現職教員については、都からの派遣者が6名(現職教員2名・管理職候補者4名)である。東京都の場合、有給休暇1年が与えられるため、1年制の人間教育実践リーダーコースへの在学が容易になるが、他の地域の現職教員の場合、そうした配慮が特にない場合が多く、入学が困難であるケースもあるとのことであった。また、ストレートマスターについては、卒業後の教員採用については都教委との連携協定により、教員採用試験の特例選考を受験することができるというメリットがあるが、実質的な教員採用試験の倍率からすると、そうした特例措置についてはさほど魅力を感じてもらえないとのことである。それでもなおストレートマスターが進学してくるのは、4年間の学士課程では教員になるための教育・学習が不足しているという認識が強いからであり、実際に大学院を出た教員は「成熟度」が格段に違う、と坂本学部長は語る。

さて、同大学院の授業料と奨学金システムに目を移してみよう。授業料は1年間で65万円、そのほか施設設備費等で、合計75万円ほどがかかる。入学金なども含めると、人間教育プロフェッショナルコース2年コースでみてみると、180万円ほどと、かなりの額に達する。これに対応して、A・B・C・Dの4種の奨学金を用意している。A・Bが大学による給付であり、Aは入学試験の成績優秀者に毎年3名、Bは学期の成績優秀者に毎学期2名に与えられる。またCは卒業生の団体(創友会)による給付であり、人物及び入試成績を勘案して毎年5名に与えられる他、実践リーダーコースにおける教育委員会等の派遣研修制度に拠らない就学者にも最大5名まで与えられる。Dは外部団体(牧口記念教育基金会)からの給付であり、10年未満の現職教員で教育委員会等の派遣研修制度による就学者以外、もしくは教員採用試験に合格し就学した学生を対象に、プロフェッショナルコースから最大10名まで与

えられる。結果として、9割の学生が何らかの奨学金に与っているとのことであり、入学の経済的障壁に対して周到かつ十分な支援策が採られていることがわかる。

(4) 課題と展望

　現場と理論双方に長けた教授陣をそろえ、また現職教員・ストレートマスターを均等に入学させ、しかも奨学金制度も充実している。この結果、3倍を超える受験率を誇り、また教育現場からの評価も高い。同大学院の今後の展開は、非常に順風満帆のようである。実際に、2009（平成21）年1月に実施された文部科学省による「アフターケア」（設置計画履行状況等調査）の評価をみてみても、同大学院については特段の留意事項は指摘されていない（文部科学省2009（平成21）年1月「教職大学院設置計画履行状況等調査の結果等について（平成20年度）」）。

　そこで、あえて将来的な課題について坂本学部長に伺ってみた。すると、まず専門職大学院制度そのものの問題点として、学生数を確保・拡充するにはストレートマスターだけに頼っていては限界があり、社会人学生、現職教員などを呼び込まなければいけない、しかしそれにはどうしても「地の利」が求められるが、どの大学も決して立地上の好条件がそろっているわけではない、そうした点が一番の課題である、とのことであった。確かに、同大学院に関していえば、八王子駅からバスで20分ほどのキャンパス内に開設されており、社会人学生のアクセスの面ではサテライトなどの工夫も必要かもしれない。

　またとくに教職専門職大学院については、現職教員にどれだけ評価されるかの真剣勝負にかかっているという。大学院での1年間で、どれだけの付加価値を与えられるだろうかという点については、実際に現場に戻ってから評価次第であり、それは初めて卒業生を輩出する2009（平成21）年4月以降の課題でもあろう。また学生集団は現職教員とストレートマスターが混在し、多様な段階・年齢層が同居することのメリットもあるが、現職者がストレートマスターを指導することになりかねず、彼らの負担が増すという危惧もあ

るとのことであった。とはいえ、現職教員を抑えてストレートマスターの枠を増やすと、専門職大学院の趣旨が生かせないことにもなり、常にジレンマがつきまとっているという。

いずれにしても、まだ開設されたばかりの専門職大学院である。卒業生もまだ微々たるものであり、彼らが教育現場に戻ってどのような教育効果をフィードバックできるのか。またプラス2年の教育を受けたストレートマスターたちがどのような実践力を発揮できるのか。まだその評価については時期尚早でもあり、今後の展開を見守っていきたい。

6. 技術を戦略する
——芝浦工業大学大学院工学マネジメント研究科

2003（平成15）年の専門職大学院制度発足とともに開設された芝浦工業大学大学院工学マネジメント研究科は、日本のMOTの第1号である。Management of Technology、技術経営という日本語が当てられるMOTは、日本でも少しずつなじみが出てきた言葉であるが、専門職大学院の制度化は、それに弾みをつけた。専門職大学院制度によるMOTの課程やプログラムには、工学系の大学が多く参入しており、芝浦工業大学以外にも、東京理科大学、東京農工大学、東京工業大学、長岡科学技術大学などがある。他方で、MOTに関する内容を学ぶには、MBAの一部として、あるいは、専門職大学院制度によらない大学院の修士課程においても可能である。そうしたなか、芝浦工業大学は、戦前の専門学校の設立理念を時代に合わせて活かしていった先に、専門職大学院があったという。

(1) 日本初のMOT

「なぜ、MOTが注目されているのですか。そもそもMOTとはどのようなものと理解したらよいのでしょうか。」この不躾ともいえる質問に、柴田研究科長は丁寧に次のように説明する。

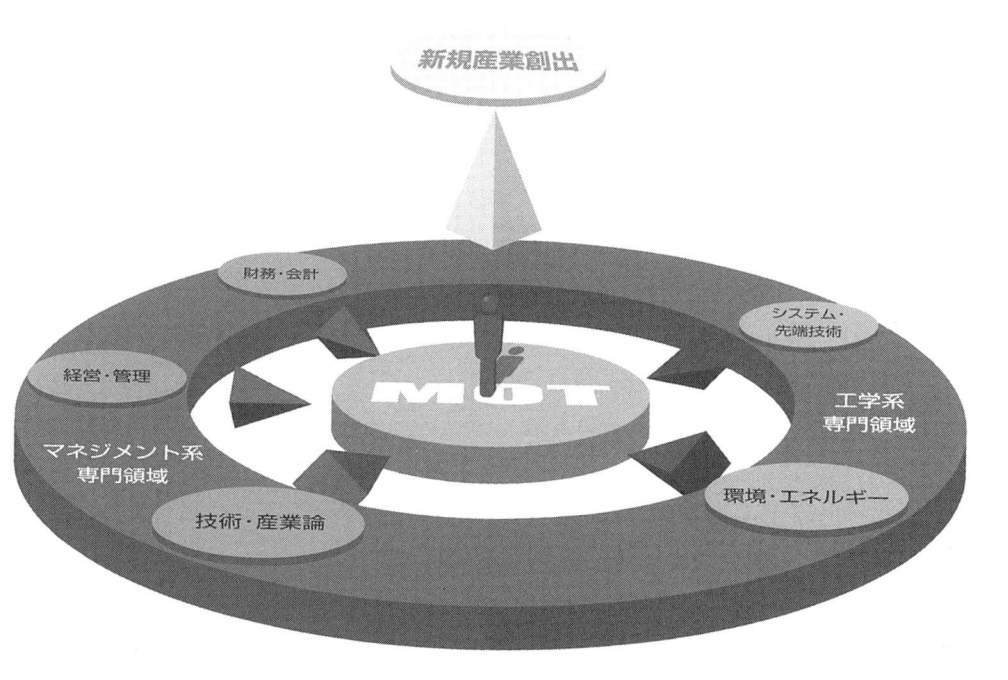

図4-9　カリキュラム構成

　「技術を経営に活かすというのは、昔から考えられてきたことです。しかし、なぜ今になって注目されているのかというと、技術と市場とが成熟した社会になったことが背景にあります。技術が成熟するということは、どこでつくっても性能に大差がなくなるということです。市場に物があふれれば、つくっただけでは売れなくなります。こういった時代に何が決め手になるかといえば、それはサービスなどよりも、やはり技術なのです。単に市場のニーズに合った品質のよい物をつくるというこれまでの考え方に加えて、どの市場にはどういうものをつくれば売れるかと、物をつくる段階から需要を明確に定義(需要表現と呼びます)することが必要になるのです。技術をどう戦略するか、これがMOTの根本にあると考えています」。
　技術を売るには明確な需要表現に基づく「ものつくり」という技術戦略が必要という話にMOTの意義を納得した次第である。
　さらに、芝浦工業大学の前身は有本史郎によって1927年に設立された東京高等工商学校であり、「工商」にみる建学の理念はDNAとして埋め込まれ、

それがMOT設立を促した影の力になっていると言う。

MOTは、学内から5名が移籍、新たに11名を外部から採用し、専任教員16名の陣容で発足した。日本でのMOTが未知数であるがゆえに教員は皆使命感にあふれ、また、他大学からの教員、実務の世界からの教員との交流で異なる発想に触れ、知的刺激に満ちた新鮮な日々だったそうだ。

(2) プロジェクト演習で鍛える

教育には相当の自信をもつというカリキュラムは、新しい価値や技術、産業の創出をめざすことを目的に掲げ、「技術・産業論」「経営・管理」「財務・会計」「環境・エネルギー」「システム・先端技術」の5領域に大別されている。学生は、そのうちの1つを専門とし、そこから主指導教員を決めて修士論文に準じる特定課題研究の指導を受ける仕組みに編成されている。

しかし、単に技術系の科目とビジネス系の科目を並列し、学生はそのどちらも履修するといったものではなく、各科目のなかで技術を経営戦略としていく方法を考えさせるようなものにしているところに特徴があり、教員間に、そうした意識は徹底しているという。

特筆すべきものは2年間必修の「プロジェクト演習」である。教員の出したテーマを選んだ学生が5～10人程度で1グループになって行うケース・スタディである。毎週土曜日に配置されており、課題の提示、調査、プレゼンテーションと討論、レポートなど、計4回で1ラウンド(約1カ月)が構成され、前期3ラウンド、後期2ラウンド、2年間で10ラウンドになる。他の講義科目と同様に半期2単位の科目であるが、そこにかける時間やエネルギーは、講義課目の比でないことはいうまでもない。いってみれば、このバーチャルな実務体験を継続することで、学生は鍛えられ大きく伸びるのである。

もう1つが2年次に開始する「特定課題研究」であり、修士論文に準じる。学生は研究指導教員のもとで、テーマを決めて1年間かけてレポートを作成する。完成の暁には、公開発表会でプレゼンテーションを行う。学生のテーマ一覧をのぞいてみると、「食の安全性確保に関する企業のリスクマネジメ

ントの研究」「組み込み型ソフトウェアにおける予見開発定義の研究」など、技術と経営とにまたがるテーマが並んでいる。

　これらが有効に機能するのは、学生の大半が社会人であることが大きい。様々な領域で仕事をしている学生がもっている専門知識や経験をもとに議論することで相互学習が可能になり、それを1つの成果物にまとめていく過程で新たな知識や方法を習得していくのだろう。

　開設から5年目を迎えたが、カリキュラムの骨子にほとんど変化はない。その理由の1つは、このカリキュラムが求める学生と、実際に入学した学生の質の点で齟齬がないことにある。特に大きく変える必要がなかったのである。しかし産業界からの要望は広くまた変化しているため、今後、改革をする方向で議論し始めたところだという。

　ところで、MOTというと工学の基礎的知識がないとやっていけないというイメージをもってしまうが、その必要性はないと、柴田研究科長は断言する。

　「MOTだと工学系の学生が主体だという先入観があるのかと思いますが、決してそんなことはありません。要はいかに思考して戦略をたてて方法を見出していくか、いわば技術戦略の思考の過程を学ぶということですから、工学系の知識は不可欠ではないのです。工学系でないバックグラウンドの学生もいますが、何の問題もなく授業を進めています。必要な場合には、補足説明を10分か20分する程度で十分やっていけます」。

　そのこともあってか、立教大学大学院ビジネスデザイン研究科（MBA）と、5科目10単位を上限とした単位互換制度を2005（平成17）年度から導入している。現在6〜7名がこの制度を利用しているそうだ。「エンジニア系の色彩の強いところは私どもがやって、MBA的なものは立教大学が一部担当するといった協力体制をとっていく話も出ています」とのことだ。

(3) 新たな学生マーケットの開拓

　これまできわめて優秀な学生が入学しており、その点では何ら問題は感じていないという。学生は熱心で、2年間で卒業要件の40単位を取得するには、

計算上は土曜日に開講される科目と、平日夜間に開講される科目を週2日、あわせて週3日通学すればよいのだが、だいたいはそれを上回って週4日程度は大学院に来ているという。在学者は2007（平成17）年5月で40名弱であり、30歳代が半数弱、技術系職種への従事者が85％といった構造は、開学当初から大きな変化はない。博士号取得者すらおり、そうしたことが高度なMOTカリキュラムを実施していけることにつながっていよう。

ただ、当初28名の募集定員に70名もが志願してきた頃からすると、志願者の減少は気にかかる。その原因については、授業料が高いことや周辺に競合相手が登場したことが影響を与えているのではないかと推測している。学生が40名弱に専任教員14名、学生1人1人の専用ブースと専用パソコンが与えられるという恵まれた環境があっても、初年次198万円、2年次170万円という私立大学ならではの高額な学費はネックになっている。学生は、ほとんどが自腹を切って学費を支弁しており、それが熱意のある学生を集めるというメリットとして働くことは確かだが、熱意はあってもそれだけの出費がかなわない潜在的な志願者を受け入れられないことも確かなのである。

企業派遣による学生は、毎年1～2名と少ない。それは、自腹を切るからこそしっかり勉強するという考えから、むしろ大学側が企業派遣の学生募集にあまり積極的ではなかったからだ。しかし、志願者数の落ち込みのなかで、今後は、企業派遣の学生も増やすべく努力したいという。

MOTも、現在は、東京近辺では早稲田大学、東京理科大学、東京工業大学、東京農工大学、日本工業大学など、30分程度の移動距離の範囲に何校かが設置されている。それぞれミッションとするところは少しずつ異なっているものの、どれも競合相手である。事実、併願する受験者も増加しているそうで、そうなればこそ他大学との差異化を図って受験生をひきつけることが求められる。

そこで、2007（平成19）年度から、4月入学一本だった入学者選抜を秋にも実施して年2回とすることにした。4月に入学するためには、年度末の多忙な時期が入学者選抜と重なる上、人事異動の季節とも重なり、受験を見合わせる者もいるだろうとの判断からだ。

また、これまでは社会人経験のない新卒者や芝浦工業大学の卒業生に対してあまりアピールをしてこなかったが、今後はこうした方面への働きかけも学生獲得の方策の1つとして考えたいという。

(4) 卒業生の認知度を高める

　卒業生は90名に達した。転職の斡旋はしないという方針もあって、卒業生の多くは、もとの職場にもどっている。ただ、具体的に職場のなかで生じた変化までは十分追いきれておらず、また、企業側からみた卒業生の評価についての系統だったフォローも、必要性は十分感じているものの、まだ手が回らない状況だという。しかし、断片的には、営業担当から経営企画に移動した、研究開発から経営関連部署に移動した、あるいは新しいプロジェクトを担当したなどという情報が卒業生から寄せられており、技術をベースにして経営が考えられる人材として評価されているのではないかと推測できる。

　卒業生のMOTで学んだことに対する評価はきわめて高く、現実のキャリアや考え方において人生が変わったとする者は92％、MOTで期待した成果が上がったとする者は80％にものぼる。また、同期生や教員との交流が続いている者は96％であり、ゼミ合宿に参加したり、メールで情報交換したり、仕事の悩みを相談したりと、2年間で学生間、学生・教員間の強い絆が形成されていることがわかる。BBF（Big Brothers Forum）という教員と学生との人的交流や情報交換をする課外活動の組織があり、その年1回の合宿には卒業生も参加するのだそうだ。科目等履修生として学習を継続している者、工学マネジメント論、MOTセミナーなどの授業への参加希望者もおり、定員を設けて卒業生にも公開しているという。

　このように大学と卒業生の間に形成されている相互の信頼関係のネットワークに企業が参加するようになると、歯車はよい方向に回転していくのだろう。優秀な卒業生を送り出し、卒業生が企業で実績を評価されることが、MOTの社会における認知度を高めていくのであり、それは翻って志願者の増加にもつながるのではないだろうか。

(5) MOT 関係者の組織化

　MOT が社会に認知されていくためには、MOT 関係者を組織化していくことが重要である。

　その1つが学会の設立である。2006（平成18）年度には技術経営系専門職大学院の MOT 関係者が中心になって「日本 MOT 学会」を立ち上げ、すでに百人以上が入会しているという。学会ができ、研究紀要が発行されることで、学問として確立させることが共通の課題になる。とくに、技術を経営に融合させるという学際的な領域に位置し、かつ、実践志向が強い MOT が、学術的な学問となるためには経験的な知見をいかに普遍化、理論化するかが鍵になろう。MOT が大学において足場を固めるための努力の場が学会なのである。

　もう1つが、専門職大学院の認証評価である。文部科学省から設置認可されている専門職大学院は設置後5年以内に認証評価を受けることが義務付けられており、その期限が2008（平成20）年であった。それに向けて、芝浦工業大学を含む MOT の専門職大学院10校は、2005（平成17）年に「技術経営系専門職大学院協議会（MOT 協議会）」を発足させ、MOT の認証評価基準の策定とともに、シンポジウムの開催などを通じて MOT の PR を行っている。2006（平成18）年に認証評価基準の第1次案が取りまとめられ、それにもとづき2007年度は試行的評価を実施した。

　また、芝浦工業大学 MOT は、2004（平成16）年に文部科学省の「法科大学院等専門職大学院形成支援プログラム」に、2006年には同省の「法科大学院等専門職大学院教育推進プログラム」に採択されている。これらは、どちらも MOT のデファクト・スタンダードとなる教材を開発し、e ラーニング化して公開することを目的とし、前者のプログラムでは演習教材の制作を、後者では企業と連携して理論と実践とを架橋する対話型の教材の制作を行っている。MOT を開始するにあたってもっとも困ったのが、適切な教材がないことであった。それは、他の MOT にも共通した悩みである。そこで、芝浦工業大学 MOT 教員が試行錯誤してこれまでやってきた蓄積を教材とすることで、日本の MOT 全体の質向上に資すると考えプロジェクトが開始された。

これらが完成して他にも広く利用されるようになれば、それはMOTの日本型モデルとなりうるであろう。

(6) アジアへ向けて

　日本の先にはアジアがある。2007(平成19)年には韓国の延世大学MOTと芝浦工業大学MOTは連携協定を締結した。これは、双方の大学の教員の個人的な関係が協定の締結の発端であるが、日韓でそれぞれ成功している製造業の経営戦略を両校共同で研究しつつ、人材育成を図っていくことがねらいである。当面は、相互に教材の交換を行なうほか、戦略分析手法などのノウハウを共有し、学生は週末を利用した合同セミナーなどで双方を行き来して交流するという。
　そもそもMOTには製造業が基本にあり、そのものつくりの原点は今やアジアに位置する。そこで、韓国と日本が手を携えてアジアのMOTの教育研究の組織を作りたいという遠大な夢をもって進めているという。
　確かに、トヨタ、サムスン電子などの存在を考えればアジアはものつくりの拠点になっており、共同して人材育成をするという発想はうなずける。現時点では芝浦工業大学MOTに留学生はいないものの、それも1つのマーケットとして考える余地はあるだろう。
　また、同じ芝浦工業大学の工学研究科は、すでに、タイ、マレーシア、インドネシアなどアジアの工科大学と協定を締結している。MOTもその資源を利用しないという手はない。グローバル化が進む中、日本にとってアジアという地域の地政学的な意味が減じることは決してないだろう。
　日本で最初のMOTである芝浦工業大学大学院工学マネジメント研究科は、アメリカ発のMOTを一段と発展させて、日本のものつくりや日本的経営とも関連付けた技術経営戦略としてアジアに、さらに全世界に展開する、そうした役割を担っている。日本のフロント・ランナーは、まず、アジアをフロンティアとして走り続けるのである。

7.「公」と「私」をつなぐ人材育成
　——早稲田大学公共経営専門職大学院

(1)「公」と「私」をつなぐ人材育成

　早稲田大学は、2007 (平成19) 年創立125周年を迎えた。この125年という年次はどこか中途半端な感も受けるが、創設者の大隈重信が「人生125歳説」を唱えていたことに由来しており、2007年は「第二の建学」の年と位置づけられている。

　そうした背景も手伝って、早稲田大学ではここ数年来、法務研究科をはじめとしてビジネススクール、ファイナンス研究科、会計研究科など、次々と専門職大学院を設置してきた。今回レポートする公共経営研究科は、こうした新しく開設された諸研究科に先行して、2003 (平成15)年4月、「専門大学院」の枠組みで生まれたものである。

　さて、名称からも明らかだが、同研究科はハーバード大学ケネディスクールなどに代表される公共政策の立案に関わる高度専門職業人を育成する「公共政策大学院」として位置づけられる。大隈重信の名前を英名に冠して、The Okuma School of Public Management と称していることからも、同研究科の志の高さをうかがい知ることができる。以前にも、こうした公共政策系の研究科は ICU、埼玉大学、大阪大学などに置かれてきた。しかしそのいずれもが、研究者養成を主眼としたものだった。そうした趨勢の中で、早稲田大学は政治経済学部ならびに政治学・経済学両研究科を母体として、より実践的な公共政策に関わる職業人を育成する同研究科の創設に初めて着手したのである。したがって、現在では北大、東北大、東大、一橋大、京大、徳島文理大などにも、同種の専門職大学院が次々と開設されているが、同研究科はこれらの先駆けと位置づけられるものである。

　同研究科が掲げる「公共経営」(パブリック・マネジメント) とは、研究科長である石田光義教授によれば、1970年代以降、福祉国家の再検討・再編とともに急速に発展した概念であり、「国家＝公」と「社会＝私」という両者の関係

は対立・峻別して捉えるべきではなく、公の領域を共に形成し経営すべき関係であるという考え方に基づくものという。同研究科はこうした理念に基づき、「公平と効率の均衡に立った政策判断能力」「具体的な政策立案・評価能力」「国際感覚」「メディアリテラシー」「マネジメント能力」などを備えた人間性豊かな高度専門職業人の育成を、その教育のミッションとして標榜している。具体的には「行政」「公共政策」「公共経済」「情報・ジャーナリズム」という4つのFocusを掲げ、公務員、政治家、経営コンサルタント、ジャーナリスト、NPO・NGOスタッフ、などの養成人材モデルを設定している。

(2) 実践教育への独特なプログラム

　同研究科には標準修業年限である2年制コースのほかに、3年以上の実務経験を持つ者を対象とした1年制コースが開設されており、入学時期は4月、9月の2回である。4月入学の募集はそれぞれ20名（選考試験は春、秋、冬の3回実施）、9月入学の場合は1年制・2年制課程併せて10名（同じく春、冬2回実施）で、合計50名の定員となっている。また博士後期課程も2006（平成18）年度に開設されており、年間8名を受け入れている。

　1年制・2年制いずれのコースも、40単位以上の科目履修と修士論文の合格をもって、「公共経営修士（専門職）：Master of Public Management (MPM)」が授与される。そのカリキュラムは、上記のフォーカスごとに研究領域が設定され、理論と実践を架橋する教育が行われている。各学生は、後述するようにそれぞれの研究計画によってフレキシブルな受講が可能であるが、演習（修士論文含む）8単位、コア科目8単位は必ず履修しなくてはならない。ちなみに、このコア科目の中で、政財界・公共セクター・スポーツ界などの各分野から、著名人をゲストスピーカーとして招いて講義をしてもらう「トップセミナー」は、大変人気のある科目とのことである（**図4-10**参照）。

　また、同研究科の理念でもある実践的な政策立案能力を涵養させるため、ケーススタディやフィールドワーク、また特に地方自治体、新聞社・放送局などのマスコミなどでのインターンシップが積極的に採り入れられている。

コア科目						1年制	2年制
公共の哲学	佐藤正志	トップセミナーA・B	担当教員全員	メディア現代史	森 治郎	8単位以上	8単位以上
公共経営論	縣 公一郎	経営管理技法	新井・安藤他	世論と報道	加藤孔昭		
基礎経済学A	岸本哲也	メディア文化論	筑紫哲也	立法政策	石田光義		
	森 一夫	開発行政	江上能義	憲法政策	石田光義		
FOCUS1 行政		FOCUS2 公共政策		FOCUS3 公共経済		修了要件単位に必要な科目数	修了要件単位に必要な科目数
新しい行政の組織・機能論A	新井篤美	環境エネルギー～政策ケーススタディ～	友成真一	公共経済学	岸本哲也		
	三反園訓	技術革新と社会変動	江上能義	公会計A・B	小林麻理		
NPM	稲継裕昭	行政法理論	大濱啓吉	予算制度論	小林麻理	8単位(4科目)入学時に単位認定	
外交と法	柳井俊二	経済構造改革と産業再生	林 良造	環境経営	鈴村興太郎		
行政改革論	辻 隆夫	公共計画研究	山田治徳	競争政策論	鈴村興太郎		
行政を経営する	友成真一	国際公益論	福田耕治	競争秩序法	土田和博		
現代日本の構造改革	石井隆一	国際文化交流政策論	川村陶子	金融経済学	森 映雄		
	久元喜造			開発経済学	西川 潤		
公共事業とPFI	有木久和						
FOCUS共通科目							
情報・ジャーナリズム		TPS(トヨタ生産方式)	新井篤美	自治体経営と地域自立B	北川正恭		
		ISO14000	大坪孝至	自治体経営と地域自立C	藤井浩司		
国際経済報道	佐瀬守良	ケーススタディ政策評価	塚本壽雄	インターンシップ			
サイバー空間と法	中田彰生	ケーススタディ(経済)A・B	岸本哲也				
情報社会論	筑紫哲也	ケーススタディ(メディア文化)A	加藤孔昭	インターンシップ(ジャーナリズム)	筑紫哲也		
ケーススタディ・ツールプログラム等		ケーススタディ(メディア文化)B	森 治郎	インターンシップ(自治行政)A・B	北川正恭		
		フィールドワーク		インターンシップ(国会稲門議会寄付講座)	江上能義		
ODA事業におけるプロジェクト・マネジメントと評価	江上能義他				藤井浩司		
(国際協力銀行・早稲田大学共同講座)		大隈地域創成講座A	石田光義	インターンシップ(早稲田パブリックマネジメント)編集A・B	担当教員全員		
経営品質A・B	岡本正耿	大隈地域創成講座B	北川正恭				
交渉学	奥村哲史	大隈地域創成講座C	藤井浩司				
		自治体経営と地域自立A	石田光義				
演習						4単位	8単位
行政演習A・B	縣 公一郎	自治行政演習A・B	北川正恭	メディア文化演習B	加藤孔昭		
憲法政策演習	石田光義		藤田幸雄	政策評価演習A・B	塚本壽雄	修了要件単位は40単位	

図4-10　2005年度カリキュラム（抜粋）

地方自治体との連携を強化したカリキュラムの一つとして、石田科長が教示してくれたのは前三重県知事の北川正恭教授を中心とした「マニフェスト研究所」のケースである。これは地方選挙の際のマニフェストの蓄積・分析・ノウハウ供与といった実践を通じて、研究科と首長・自治体との間に密接なリンケージを構築するとともに、各自治体の行政改革の一翼を担うような実践的な授業形態が可能となっているとのことだった。

さらに一般企業との連携には、「メセナ・サポート」という独自のシステムが大きく貢献している。このシステムのメンバーには、朝日新聞社、あずさ監査法人、NTTデータ、共同通信社 CIJ、大日本印刷、テスコ、電通、東京電力、日本経済新聞社、毎日新聞社、読売新聞社などの各社が名を連ね（2007年4月現在）、インターンシップなどの場の提供の他、学生への奨学金資金（「Okuma Schoolメセナ奨学金」）の寄付、客員教員・ゲストスピーカー等の派遣協力などが求められている。企業側としては人も金も出すばかりになってしまうのでは、との質問には、「企業側も優秀な人材を早期に選抜し確保

するメリットがある」とのことであった。

　さらに独特なのは、修士論文の作成プログラムである。同研究科では、出願の際に通常の大学院と比して詳細な研究計画を提出させている。これは修士論文のテーマや概要、選択した背景、研究項目、研究の進め方などを記させたものであるが、これをもとに入学後に演習授業などで教員と協議しつつ、修正・精錬していく。この教員との協議・指導のシステムは、同研究科独自のものである。1年は2セメスターから成っているが、それぞれのセメスターは1か月を単位とした「クール」制を採っており（つまり、1セメスターは3クールから成る）、また1クールごとに1教員の演習受講を基準としている（1セメスターに3つの演習を受講することとなる）。これは、複数の教員から指導を受けることで、多元的なアプローチ法や複眼的な思考法を身につけていくことを目的としたもので、石田科長の言によれば、学生には「様々な先生の話を聞いて、右往左往しなさい、と言っている」とのことであった。こうして、各クールの演習において、テーマ提出―リサーチペーパーのプレゼン―評価という一連の指導が行われていく。そして、2年次のファーストセメスター終了時までに「修士論文計画書」を作成し、それを基に修士論文の主査および副査が決定されるという仕組みになっている（それを表示したものが、**表4-2**、**表4-3**である）。

表4-2　演習科目スケジュール

2年制 (1年次)	2年制 (2年次)		時期
演習授業ガイダンス		4月	
ファーストクール	ファーストクール	5月	ファーストセメスター
セカンドクール	セカンドクール	6月	
サードクール	サードクール	7月	
	修士論文計画書	8月	
		9月	
ファーストクール	ファーストクール	10月	セカンドセメスター
セカンドクール	セカンドクール	11月	
サードクール	サードクール	12月	
	修士論文提出	1月	

表4-3　1クールの流れ

学生	教員
受講テーマの提出　→	
	←　課題の提示
リサーチペーパーの発表・討論 （同一クールに受講を希望した学生全員参加）	
	←　評価
プロファイルペーパーを事務所へ提出	

(3) 学生と教員：幅広いバックグラウンド

　さて先述のように、1年制コースは実務経験のある社会人対象であり、実際に社会人学生の割合は高い。**図4-11**は、同研究科に在籍する学生のプロフィールだが、社会人の割合は半数を占めている。また2007年度後期の時間割をみてみると、平日18時以降の6, 7限時の開講が29コマ、土曜日開講が7コマ、と全体の約1/3ほどを占めており、夏期・冬期にも3日〜1週間の集中講義が20コマほど用意されているなど、社会人の修学が強力にサポートされている。

　社会人学生の内訳としては自治体職員が多く、総務・企画部門の係長クラ

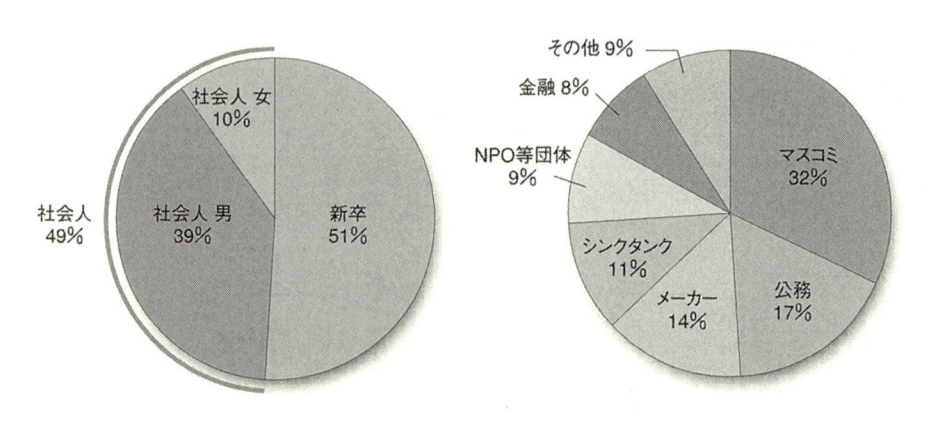

図4-11　社会人比率　　　　　　　図4-12　就職先比率

スの30代後半〜40代前半の中堅どころが主体であるとのことである。ただ設立当初から自治体の認知度が高かったわけではなかった、と石田科長は振り返る。各自治体に職員の派遣をお願いしたり、早稲田大学のOBが首長をしている自治体に掛け合うなどの努力があったという。その結果、今日では30近い自治体との実績関係が構築されたと自負する。東京近郊の自治体職員であれば、働きながら夜間や土日に受講するという形態が多いとのことだが、地方の自治体の場合、東京事務所に出向という形をとりながら通学するというパターンもあるとのことだった。一方、新卒者はマスコミ志望者が多いとのことであり（実際に、就職先としても大手新聞社などが多い。図4-12参照）、ジャーナリズム界に強い早稲田の伝統を引き継いでいると言えよう。

　しかし、授業料はけっして安くはない。入学金26万円のほか、授業料は2年制の場合、年間150万円（1年制では187万5,000円）にものぼる。このため、日本学生支援機構奨学金や地方公共団体・民間団体の奨学金、大隈記念奨学金・小野梓記念奨学金といった大学学内の給付奨学金などのほか、先述のメセナ・サポートのメンバー企業からの奨学金が用意されている。この「メセナ奨学金」は、学生一人あたり20〜40万円が給付される制度で、成績を基準とした選考が行われた上で給付されており、学生の約半数がその恩恵にあずかっているとのことである。また研究科独自の「入学時ローン」制度も設置している。

　さて、こうしたバックグラウンドを持つ学生らを教育・指導する教授陣にも、また同研究科の特徴が伺える。専任教員は、石田科長（比較政治制度論）をはじめ、縣公一郎（行政学）、江上能義（開発行政）、福島淑彦（経済政策）、藤井浩司（比較福祉国家論）といった名だたる教授14名であり、このうち実務家教員としては、片木淳（地方分権）、北川正恭（地方自治）、田勢康弘（メディア文化論）、塚本寿雄（政策評価）など著名な地方自治体首長、中央官庁出身者、大手新聞社の論説委員経験者を招聘している。このほかに、学内の他研究院・研究所との兼担教員が16名、メセナ・サポートによる企業からの客員教授が17名、またトップセミナーなどに招聘される非常勤講師が15名と、人員においてもまたカバーする専門分野においても、そうそうたる陣容を誇っている。

(4) 公共政策系の課題：資格とのリンク

　現場との協力・連携、多種多様な科目の提供、実践的な独自の教育プログラム、様々な授業形態の工夫など、こうした同研究科の取り組みは、専門職大学院の名に恥じないと言えるだろう。また各方面からの学生募集やバランスの取れた教員布陣についても、成功裏に歯車が回っていることがわかるが、こうした教育体制を支えているのは人的・財政的に重層構造をなすサポート体制であることも確かである。そしてそれを約まやかに言えば、「早稲田」の伝統とブランド力、そして「東京」の持つ人的・経済的なリソース集積力、ということになろう。しかしこのことは、伝統やネームバリューに負うところが大きすぎれば、「公共政策系」という新しい専門分野の持つインパクトと教育理念が薄くなってしまうリスクを孕んでいる。

　たとえば、同研究科では確かに4つのフォーカスの理念のもと、機能的な人材モデルの育成が掲げられているが、そのなかで「政治家」の育成については、なかなか実績が蓄積しにくい分野には違いないものの、立候補支援などのバックアップ体制を含めて、今後さらなる取り組みが必要であろう。また「行政」の領域では、同研究科は地方自治体との間には強力な実績を蓄積してきているが、国家公務員のブラッシュアップ、ならびにその人材輩出については出遅れ感は否めない。東大などでは後発ながらも同様の専門職大学院を立ち上げ、100人規模の定員枠の中で国家公務員との連携を強めてきているとのことであるから、この領域に戦略的に切り込んでいかなければ、公と民を繋ぐ公共政策系大学院の名折れになってしまいかねない。さらに新卒学生が学生数の半数程度ということは、逆に言えば、彼らにとってこの分野の大学院への入学及び修了に関して、学位取得以上のメリットが見えにくいことを示唆していよう。ロースクールや会計専門職大学院とは異なり、明確な「資格」とのリンクが希薄であることがその大きな理由と考えられる。また、国内ではすでに公共政策系の専門職大学院は10校近くになり、他の分野と同様に、認証評価などに関連して、修士学位プログラム（カリキュラム）の標準化という問題が将来的な課題としてあげられよう。

ただ石田科長によれば、これらの課題については、単に手を拱いているわけではなく、着々と手を打っているとのことである。公務員関係では、すでに人事院への要請として国家公務員試験の1次試験を免除してもらうよう働きかけており、また自治体関係では、都庁の採用試験で修士課程卒業生用の選抜枠の設定などが実現したとのことである。また学位との職業資格とのリンクについては、国会議員政策担当秘書の資格化などの動きもあるとのことである。さらに、すでに国内だけではなく海外の公共政策系の大学院、たとえばコロンビア大学(アメリカ)、Science Po（パリ政治学院、フランス）、LSE（ロンドン・スクール・オブ・エコノミクス、イギリス）などとのネットワークの構築を進めて、2006（平成18）年来国際会議なども開催してその協力関係を強化しているとのことであり、今後、こうしたネットワークの中から、認証評価などの動きも現れてくるものと考えられる。

　さて、専門職大学院制度が発足してから、かれこれ丸5年が経とうとしている。新しい領域の研究科が続々と開設される中、公共政策系の大学院の真価もまた、上述のような研究科内外のネットワークや評価システムの中で問われていく段階に入ろうとしている。その際、個々の大学が持つ立地やブランド力もさることながら、様々なセクターとの密接な連携を地道に構築し、教育内容や方法を常にイノベートしていくことが、迂遠ながらも着実な地歩を固める捷径である、そうした思いを改めて強くさせられた今回の取材であった。

8. エビデンスを基礎とした社会医学をめざす
―― 京都大学社会健康医学系大学院

(1) 時代が求める EBM を基礎とした専門職大学院

　鴨川のほとり、京都大学吉田キャンパスの中にレンガ張りの瀟洒なビル群が林立している。その一角に、医学研究科社会健康医学系専攻がある。わが国で最初の公衆衛生専門職大学院（School of Public Health, 以下 SPH）である。
　わが国の「医学の社会化」の歴史は古く、またこれまでも全国の医学系研

究科には公衆衛生を基盤とする社会医学系専攻が置かれてきた。ただそれは博士課程のみであり、また研究者養成を主たる目的とするものであった。しかし今日、医学研究は分子生物学的なアプローチが支配的となり、またそれもますます細分化・先端化が進む一方で、健康と医療への価値観が多様化して、医療・保健・福祉対策の有効性と効率性が問われる時代となった。言い換えれば、遺伝子レベルでの研究や先端医療技術が長足の進歩を遂げるとともに、社会における人間の健康と医療という問題が改めて問い直されるという局面に至ったと言えよう。

こうした医療と社会の新たな関係性が問われる趨勢にあって、公衆衛生に携わる高度な専門的職業人を養成する大学院修士課程の必要性が喚起されるようになり、1998（平成10）年10月の大学審議会答申や、1999（平成11）年2月の21世紀医学・医療懇談会第4次報告などでも言及・提言されることとなった。医療システムに関する政策立案、医療費高騰と医療経済、医療倫理問題、新興・再興感染症への対応、ヒトゲノム解析後の医学と医療のあり方など新たなフェーズに至った「社会における人間と医療」において、様々な問題解決にあたる高度職業人の育成が要請されるようになったのである。

2000（平成12）年、京都大学医学研究科はこうした時代が求める人材養成を全国で初めて手がけることとなる。既存の社会医学系専攻（博士課程のみ定員10名）を改組して、あらたに修士課程（定員22名）を有する社会健康医学系専攻を全国に先駆けて立ち上げたのである（当時はまだ「専門大学院」の制度枠組）。同専攻を束ねる議長の小杉眞司教授（健康管理学講座医療倫理学担当、また同専攻の特別コースである「遺伝カウンセラー・コーディネーター・ユニット」代表も兼務）の弁では、「文部省や時代の強い要請もあった」とのことである。これまでにも、国立公衆衛生院（現、国立保健医療科学院）の教育研修（専門課程）を修了すると、いわゆる修了書（衛生院ではそれを対外的にMPH（公衆衛生修士号）と称していた）が取得できる仕組みがあった。しかし、文部省の意向としては、正確な意味での学位を授与する修士課程を設置するべきであり、京都大学がそれに初めて応えたとのことである。またその背景には、わが国では疫学、統計学などによるEBM（Evidence-Based Medicine：科学的根拠に基づいた医学・

医療) をベースとした SPH 設置が大幅に遅れ、「臨床研究」が進んでいないという認識も、同専攻設置の追い風になったと言う。

こうして、2003 (平成15) 年度には「専門職大学院」に改組、現在は1学年定員が修士 (専門職) 22名、博士11名を抱える日本で最大規模の SPH へと成長したのである。

(2) 教育組織とカリキュラム：4基幹講座と特別コース

「社会における人間と医療」に関する問題解明という目的からして、SPH では基礎医学、臨床医学いずれにも偏ることなく、数理科学、社会科学、人文科学をも包摂しつつ、またその分析アプローチから、医療・保健・福祉の実効性、効率性、倫理性について教育と研究を行うことが求められている。同専攻でも、医療・保健に関する問題を幅広い視野から問題解決する能力や、実務的な能力を学生に付与するよう、5つの講座に分けられた教育・研究体制を採っている。すなわち、「健康解析学講座」「健康管理学講座」「健康要因学講座」「国際保健学講座」の4基幹講座、および「社会生態学講座」の1協力講座の計15分野から成っている。

このように、カリキュラムは幅広い視野と方法論の習得を目的としているため、提供されている科目はかなり多種多様である。選択科目として「医学基礎」「基礎分子生物医学」など医学的な基礎科目もあるが、「行動学」「疫学」などの公衆衛生系の科目がメインであり、それらとともに「医療統計学」が重要視されている。この後三者に「医療マネジメント」、「環境科学」を加えた5科目は、「コア5科目」として提供されており、これらは国際的な SPH のアクレディテーション団体の規定に沿ったものである。将来的には、同専攻もその認証を受けることを検討中であるとのことである (**表4-4、表4-5参照**)。

ただ逆に言えば、こうした幅広いカリキュラムは従来型のコースワーク (いわゆる座学) が中心であり、また総花的であるとの印象を受ける。また専門職大学院が特長とするインターンシップ等の実習についても手薄な感は否めない。小杉教授は「それは事実だが、多様性の面からむしろカリキュラムと

表4-4 教育組織

健康解析学講座 Health Analyses	・医療統計学 ・医療疫学 ・薬剤疫学 ・ゲノム疫学
健康管理学講座 Health Administration	・医療経済学 ・医療倫理学 ・健康情報学 ・疫学研究情報管理学
健康要因学講座 Health Determinants	・環境衛生学 ・健康増進・行動学 ・予防医療学
国際保健学講座 International Health	・社会疫学 ・健康政策・国際保健学
社会生態学講座 Global Health Ecology	・環境生態学 ・人間生態学
特別コース Associate Course	・MCR: 臨床研究者養成コース ・知的財産経営学コース ・遺伝カウンセラー・コーディネーターユニット

表4-5 カリキュラム

科　目	「医療系※」出身者	「医療系」以外出身者
コア5科目 　医療統計学 　医療マネジメント 　疫学 　環境科学 　行動学	10	10
医学基礎Ⅰ・Ⅱ 基礎分子生物医学 臨床医学概論	－	8
課題研究	4	4
選　択	16	8
計	30	30

※医学、歯学、薬学、看護学系の大学学部

しては充実している」と言う。確かにわが国で最初のSPHでなければ、これだけの陣容の科目提供は難しかったであろう。また実習に関しては、「その活性化・活発化は今後の課題」であるとした上で、入学生の中には、病院の内部を見たこともない学生がいるので、そうした学生を対象としたカリキュラムを充実する必要があると考えている、とのことであった。学生が多様なバックグラウンドを持つがゆえの悩みといえようか。

さて、この5講座の他に、現在では3つの「特別コース」、すなわち臨床研究者養成コース (Master of Clinical Research: MCR)、知的財産経営学コース、遺伝カウンセラー・コーディネーター・ユニットが併設されている。MCRは臨床医が臨床の現場に足を置きつつ研究にかかわるための1年制のコースで、臨床研究者を育成することを目的として2005 (平成17) 年度に開

設された。実質4カ月の集中講義・実習の履修で修了に必要なほとんどの単位が取得できるようになっている。また後二者については、文科省科学技術振興調整費による5年期限のコースではあるものの（「知財」は2003（平成15）年度から、「遺伝」は2006（平成18）年度からの5年間）、いずれも先端科学技術を集約し対応できる高度な専門知識を持った新たな専門職養成をめざすコースとして、注目を浴びている。ただし、これらのコースは、次節で紹介するように、学生数が限られていること、時限的な措置であることなど、正規のコースとして存続させて行くには人的ならびに財政的な裏付けがより強化される必要があるだろう。

(3) 学生と教員：幅広さと多様性

　さて、全国に先駆けてSPHとして設置された同専攻であるが、気になるのはその入学生の出身と卒業後の進路である。同専攻では、文科系の学部卒業生も受け入れており、また実務経験を持たずに学部卒業と同時に入学することも可能である。小杉教授に入学者の動向について聞いたところ、1期生、2期生までは、社会人が多かったが、現在ではそれほど多くはなく、新卒者が多くなったとのことである。また、社会人の中には在職者も多く、大学院と企業を週半々ずつ通学・通勤している者も少なくないという。学部卒業と同時に入学する者の割合は3分の1ほどであり、また文科系とはいっても、たとえば臨床心理士や医療系ジャーナリストなどのように、これまで医療・保健領域に何らかの接点を持っていた者が多いとのことである。

　また、同専攻は開設後すでに6年度にわたって100名以上の卒業生を輩出してきているが、そのモデル的なキャリアパスは、**図4-13**の通りであり、現在のところ、どの分野にでも「はけていく」状況であるとのことであった。そのうち、同専攻の後期博士課程への進学者が3分の1から4分の1ほど、そのほか大学研究機関、医療機関がほとんどであり、すでに1期生のなかには、京大のスタッフになっている者も4～5名いるとのことであった。これまで医学部は医師になる者がほとんどで就職支援の実績がないので、今後は卒業

社会健康医学系専攻キャリアパス例	
●大学学部生 　☞入学 　　☞医療のマネジメントや経済性などについて学ぶ 　　　☞**監査法人コンサルティング部**に就職	●大学学部生 　☞入学 　　☞治験や臨床研究などについて学ぶ 　　　☞**病院クリニカル・リサーチ・コーディネーター**として勤務
●大学学部生 　☞入学 　　☞環境科学や統計解析などについて学ぶ 　　　☞**製薬企業**に就職	●大学学部生 　☞入学 　　☞医療の情報や統計解析などについて学ぶ 　　　☞**医療関連書籍出版会社**に就職
●大学学部生 　☞入学 　　☞薬剤安全性評価研究などについて学ぶ 　　　☞研究所勤務を経て、**中央官庁消費・安全局**	●病院勤務 　☞入学 　　☞医療安全などについて学ぶ 　　　☞病院の**専任医療安全管理職**に従事
●病院勤務 　☞入学 　　☞研究・教育手法について学ぶ 　　　☞大学院医学研究科の**講師や助教授**、他学科の**教授**等	●病院非常勤勤務 　☞入学 　　☞医療倫理などについて学ぶ 　　　☞**バイオ系企業遺伝子事業部**に就職
●商事会社 　☞入学 　　☞知的財産経営、技術経営について学ぶ 　　　☞**ベンチャーキャピタル**に就職	●医薬品開発業務受託会社 　☞入学 　　☞健康・医療情報、疫学などについて学ぶ 　　　☞**企業メディカルライティング部門**に就職
●総合商社 　☞入学 　　☞疫学的評価手法などについて学ぶ 　　　☞**医療関連機構**にて医療技術評価研究に携わる	●大学研究所勤務 　☞入学 　　☞疫学研究などについて学ぶ 　　　☞**大学院研究員、大院医学研究科助手**
●研究所勤務 　☞入学 　　☞国際保健の研究手法について学ぶ 　　　☞**国際協力機関**	

図4-13　SPHのキャリアパス

生に対するフォローアップが必要になってくるかもしれない、と小杉教授は漏らすが、これまでの同専攻が残してきた着実な実績への自信と自負の裏返しであると感じた。

　上記の新しい3つの特別コースについては、知財コースは卒業生をすでに5名ほど出している。また昨年度開設された遺伝コースではまだ卒業生を出していないが、現在8名の学生が在籍しており、ここ2年間、高い入学競争率を誇っているとのことである。MCRについては学生数5～6名であり、

開設当初はかなり多数の医師らが志願してきたが、近頃では指導教員とのメンタリングの結果、数的には絞られてきている感じであるという。彼らMDは4〜6月期だけ病院などを休職してコースワークに励み、その後、病院に復職して仕事をしながら、研究を進めていくMDが多いとのことである。

では教員の構成はどうだろうか。同専攻に所属する教員は総勢15名で、このうち学内の東南アジア研究所と協力講座の形で連携しており、2名の教員が社会生態学講座内の環境生態学分野と人間生態学分野を担当するなど、社会と医学をつなぐSPHの特長を出すことにつとめている。ただし、専門職大学院は、いわゆる「実務家」教員の比率が30％以上でなくてはならないわけだが、同専攻のパンフレットなどからみても、それらしい教員は見あたらない。小杉教授の言から推察するに、以前の「専門」大学院からの引き継ぎなので、「専門職」大学院という意識は薄い、というのが正直なところなのであろう。この点は、文科省による大学院（修士課程）の制度的な改編が、矢継ぎ早に行われた結果とも言うべきであろうか。

また、上記の3つの特別コースも、スタッフを10名ほど抱えている。ただし、彼らの人件費は時限的な科学技術振興調整費で賄われており、身分的な保証という面では不安定である。これらの特別コースは、今後新しい分野を形成していくシードとも成るべきものだが、それは大学側が現在のスタッフをどれだけ常勤職としてカバーできていくかにかかっていると言えよう。

(4) 今後の展望と課題：MPHの増加をはかる

冒頭でも触れたように、同専攻はもともと2003（平成15）年度以前の「専門大学院」の枠組で設置されたものであり、そのカリキュラムは現在も未だ研究的な志向性を色濃く残し、特定の専門職養成に特化した他の専門職大学院とはその色合いを異にしている感がある。またそれと相まって、医療・保健に関する課題や問題は非常に広い範囲にわたっており、本専攻の教員の専門分野も、また学生の問題関心やテーマも多岐にならざるを得ない。小杉教授は、こうした指摘は重々承知しているとした上で、今後の課題としては、

まずもってコア科目、必修科目の見直しが必要であり、選択科目についても今は科目数が増えすぎてしまった感があり、これをもっと絞っていく一方で、インターンシップのコマ数を増やしていく必要があると明言した。実際のところ、現在の専攻科は細かい分野の集積体というのが実情であり、これらを有機的につないでより大きな存在感を示す必要があるとのことだった。

さてその存在感についてであるが、米国ではSPHの歴史は長く、現在では30校を数えるまでになり、卒業生は毎年7,000名に上るという。しかも、小杉教授によれば、スクールそれぞれの規模も大きく、その先駆的な存在であるジョンズ・ホプキンス大学のスクールではスタッフだけでも数百名にのぼるとのことである。「将来的には、同専攻もより大きな組織にしていきたい」と語る小杉教授だが、わが国の現状はどうだろうか。

同専攻と同種の公衆衛生系の専門職大学院は、現在、九州大学（医療経営・管理学専攻、2001（平成13）年度設置）と東京大学（公共健康医学専攻、2007（平成19）年度設置）に置かれている。九大では医療経営や医療コミュニケーションに特化した人材、また東大は医学部保健学科が母胎となっており、行政組織の管理運営、地域住民・高齢者・労働者を対象とした広義の公衆衛生分野での専門職、とそれぞれに養成モデルが異なっているようである。これら2校と比較すると、京大の同専攻はEBMの基礎となる数量分析やMCRにみられるような臨床研究に重点が置かれているようであり、それぞれ一種の「棲み分け」がなされている。小杉教授によれば、同専攻の場合、「日本に必要とされるSPH」を発展させていきたいとのことだが、その際、アメリカのSPHのコピーを作っても仕方がないので、日本にあったフレキシブルな専攻科として発展させていく必要がある、とくに「日本発の医療・治療・治験」が少なくなってきている現状に鑑み、今後はますますEMBによる臨床研究を増やしていくべきであるとのことであった。

しかしいずれにしても、わが国のSPHは未だ3校にとどまる。そこから輩出される修士学位（MPH）を持った人材の社会的認知もまだまだ低いといわざるを得ない。このため、まずはMPH取得者を「量的」に増員する必要があり、その点で他の2校と競合するというよりは、むしろ連携を取り合う

必要があるだろう。この点に関して、小杉教授によれば今後3校の間で連絡会議を制度化していく方針であるとのことだった。またそうした方策と同時に、MPH取得を保健所所長になるための要件にするなど、より国家資格との関連を強めるといった方策も必要ではないかとの意見もあるとのことだった。

設立から7年となる、2006(平成18)年の9月には記念シンポジウムを行い、これまでの臨床研究の取り組みを総括することとなった。今後、組織固めと拡大を図りつつ、MPHの増産と社会的認知の向上がめざされることとなる。わが国の医療・保健・福祉における新たな人材の活躍を、私たちが身近に目にする機会も増えてくることだろう。

9. アジアNo.1のビジネススクールをめざす
——グロービス経営大学院大学(経営研究科経営専攻)

専門職大学院制度が発足して、2008(平成20)年ではや5年目。経営系(ビジネス)の分野では、この2008(平成20)年度までに28校30専攻、入学定員は2000人近くにまで拡大してきた。しかし、その修了証であるMBAは国家試験や職業資格とは関係はなく、また特定の職能団体が関与しているわけでもない。その意味で、スキル・知識・マインドといった個々人が身につけるビジネスでの実践的能力がポイントとなる領域である。逆に言えばその点にこそ、これほどまでに拡大してきた要因が隠されているようにも思われる。その一端を、時代の最先端を走るグロービス大学院に探ってみたい。

(1) 株式会社から学校法人へ

同大学院は、2006(平成18)年4月より構造改革特区制度を利用して、株式会社立経営大学院として開学された。実際のビジネス現場で活躍できる「創造と変革のリーダー」の育成をそのミッションとし、アジアNo.1のビジネススクールを目標として掲げている。

専門職大学院としての歴史はまだ2年足らずであるが、その母体となった

ビジネススクールの前史は長い。1992年、現学長の堀義人氏が株式会社グロービスを設立、グロービス・マネジメント・スクール（GMS）の提供を開始する。80万円の資本金とたった一つのマーケティングのクラスから始まったというこのスクールは、企業家として立とうとした堀学長がハーバード・ビジネス・スクール（HBS）で学んだスキルと経験を具現化したものであり、今では延べ3万人が学んだ国内最大規模のビジネススクールへと成長を遂げることになった。また2003（平成15）年4月、オリジナルなMBAプログラムであるGDBA（Graduate Diploma in Business Administration）を東京校で、また翌年4月には大阪校で提供を開始、これらの実績の蓄積の上に2006年4月に本格的な学位プログラムを授与する大学院を開設するに至るのである（GDBAは2010年4月で終了予定）。

　堀学長によれば、特区を利用した株式会社による大学院設置については、実は当初は静観しており、第1陣の参入によって歯車が順調に回り始めてから、参入を決意したとのことである。しかし、この2008（平成20）年4月に大きな転機を迎えることになる。株式会社から学校法人への変更である。アジアひいては世界レベルでのビジネススクールの運営を考えた場合、教育内容や研究開発も含め、学校法人は株式会社に比べ税制面や寄付金のメリットが高く、法人形態としてより有利であるとの判断に至ったため、と堀学長は語る（ただし補助金獲得を意図したわけでなく、実際に助成されていない）。また現在では、東京校（千代田区二番町）のほか、大阪校（中央区博労町）の2キャンパスを有しているが、特区を利用した株式会社では開設地域が限定されてしまい、名古屋市をはじめとした全国展開の際の大きな足枷になっていることも背景としてあるようだ。なお、学校法人への変更に関しては、すでに株式会社立大学院としての実績があったため認可もスムースに進み、また株式についても過半数を堀学長が、またその他を社員が保有していたため、大きな混乱もなかったとのことである。

　さてグロービスは、設立時から「ヒト」「カネ」「チエ」という3本の経営戦略・ビジョンを打ち出してきた。「ヒト」の面では、同大学院のほか、既存のマネジメントスクール（GMS）、エグゼクティブ・スクール（GES）、オンラ

イン・スクール (GOS)、インターナショナル・スクール (GIS) といった各スクールやグロービス・オーガニゼーション・ラーニングなどによる人材育成・組織開発、「カネ」の面ではグロービス・キャピタル・パートナーズ (2001年設立) によるベンチャー企業への投資、「チエ」の面では『MBAシリーズ』などの出版事業やオンライン経営情報誌"GLOBIS.JP"を通じた経営ノウハウの発信など、大きなグループ企業へと発展を遂げてきた。こうした多角的な経営の中で、同大学院は今やグループの中枢部門ともいうべきものに位置づけられてきている。

(2) カリキュラム：「ケースメソッド」の活用

　これまで順調に成長を遂げてきたとはいっても、その経緯から垣間見られるように、先行する銘柄大学が持つような伝統とブランド力というよりは、むしろビジネスに直結した実質的な教育内容をセールスポイントとしてきた。次に、そのカリキュラムについてみてみよう。

　同大学院は4学期制 (クオーター制) を採っており、1回3時間のクラスが隔週で行われて全6回 (3ヵ月間) で修了する。そのほかに週末集中クラス、合宿形式のクラスも用意されており、毎学期平均3科目のペースで受講すれば、標準の履修年限である2年間で修了 (MBA取得) できるよう設計されているわけだが、仕事の都合など学生の事情にあわせ、学費はそのままで最大5年間まで在籍することが可能である。

　学生は、全40科目の中から必修科目を含めた合計36単位 (24科目相当) を履修する枠組みの中で、自由に履修計画をたてることが可能である。「基本」、「応用」、「展開」という3段階のカリキュラムが組まれており、そのうち基本段階では、「組織・人事」「マーケティング・戦略」「会計・財務」「思考」などのカテゴリーでそれぞれ必修と選択必修、合計18科目がバランスよく配分されている (**図4-14**参照)。特にマーケティングⅠ、アカウンティングⅠ (財務会計)、クリティカル・シンキングⅠなどのコアになる科目は、平日 (多くのクラスは夜18：30あるいは19：00から開講) と土日双方に開講されており、社会人の学

図4-14 カリキュラム

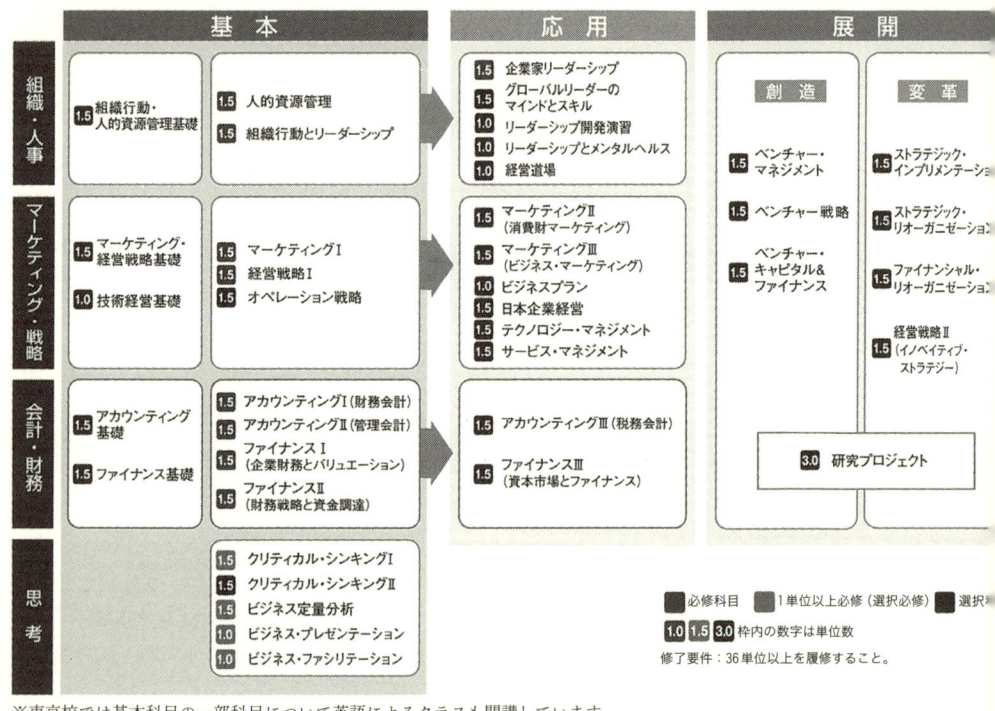

基本

組織・人事
- 1.5 組織行動・人的資源管理基礎
- 1.5 人的資源管理
- 1.5 組織行動とリーダーシップ

マーケティング・戦略
- 1.5 マーケティング・経営戦略基礎
- 1.0 技術経営基礎
- 1.5 マーケティングI
- 1.5 経営戦略I
- 1.5 オペレーション戦略

会計・財務
- 1.5 アカウンティング基礎
- 1.5 ファイナンス基礎
- 1.5 アカウンティングI（財務会計）
- 1.5 アカウンティングII（管理会計）
- 1.5 ファイナンスI（企業財務とバリュエーション）
- 1.5 ファイナンスII（財務戦略と資金調達）

思考
- 1.5 クリティカル・シンキングI
- 1.5 クリティカル・シンキングII
- 1.5 ビジネス定量分析
- 1.0 ビジネス・プレゼンテーション
- 1.0 ビジネス・ファシリテーション

応用

- 1.5 企業家リーダーシップ
- 1.5 グローバルリーダーのマインドとスキル
- 1.0 リーダーシップ開発演習
- 1.0 リーダーシップとメンタルヘルス
- 1.0 経営道場
- 1.5 マーケティングII（消費財マーケティング）
- 1.5 マーケティングIII（ビジネス・マーケティング）
- 1.5 ビジネスプラン
- 1.5 日本企業経営
- 1.5 テクノロジー・マネジメント
- 1.5 サービス・マネジメント
- 1.5 アカウンティングIII（税務会計）
- 1.5 ファイナンスIII（資本市場とファイナンス）

展開

創造
- 1.5 ベンチャー・マネジメント
- 1.5 ベンチャー戦略
- 1.5 ベンチャー・キャピタル＆ファイナンス

変革
- 1.5 ストラテジック・インプリメンテーション
- 1.5 ストラテジック・リオーガニゼーション
- 1.5 ファイナンシャル・リオーガニゼーション
- 1.5 経営戦略II（イノベイティブ・ストラテジー）

- 3.0 研究プロジェクト

■ 必修科目　■ 1単位以上必修（選択必修）　■ 選択
1.0　1.5　3.0　枠内の数字は単位数
修了要件：36単位以上を履修すること。

※東京校では基本科目の一部科目について英語によるクラスも開講しています。
詳細はグロービス・インターナショナル・スクールのWebサイトをご覧ください（http://gis.globis.co.jp/）。

習の利便が図られている。

　ただ最大の「売り」は、その授業形態である。同大学院の授業には、教員による一方的なレクチャーは一切ない。すべてがコミュニケーション能力の向上をめざした教員と学生間のインタラクティブな形態をとっており、特にその中心をなすのは、ケースメソッドである。これは堀学長自身その卒業生であるHBSのカリキュラムとして有名であり、企業事例を用いたディスカッション形式を特徴とするものだが、それを通して一つの答えを求めるのではなく、自らの思考の間口の広さと豊かさを取り戻すために大きな効果がある。同大学院の場合、20頁ほどでまとめられた実際の企業事例（ケース）を読み込み、当事者・経営者の立場で状況分析、意思決定、戦略立案のプロセスを仮想体験し、ディスカッションを通じて知識や理論だけにとどまらないビジネス現場での実践力を養うことを目的としている。また、ケースとして

取り上げられるのは、半数程度は HBS で使われているケース（翻訳契約を結んでいる）のほか、グロービス・グループのベンチャー・キャピタル事業におけるベンチャー・ケースや独自に開発したものもある。

(3) 実務系教員と社会人学生のインタラクション

こうしたインタラクティブな授業形態をファシリテートする教員の多くは、欧米で MBA を取得し自らもビジネスの第一線で活躍する実務家であり、全教員20名のうち15名を占めている。いわゆるアカデミックな教員は5名にすぎず、同大学院のカリキュラムがビジネスに直結していることを裏打ちしている。ただ堀学長が教員に求めるのは、学生との双方向のディスカッションを通じてその思考力・実践力を涵養する、高度なティーチングスキルとそれを支える熱意である。実際に、どの教員もティーチングに最大限の比重を置いているようであり、学生の授業への満足度も極めて高いという結果が得られている（どの授業も5段階評価で平均4.5をクリア）。また、この授業評価は各教員の給与へ反映させるシステムをとっているとのことで、同大学院の教育内容とティーチングに対する真摯な態度が如実に表れている。

では、こうした実践的な教育内容を求めて、どのような学生が入学してくるのか。同大学院は2キャンパス併せて定員100名、入学には学士や高度専門士の学位をもち、企業・官公庁等における原則3年以上のビジネス経験を有することが要件となっている。したがって、ほとんどの学生が有職者であり、その職種は実にバラエティ豊かである。学生の平均年齢は33.5歳、30代が過半数を占めている（図4-15、図4-16参照）。

入学選考は、9月と1月の2回（2009年度の場合、ただし単科生推薦入学制度として5月、11月にも実施）、推薦状、エッセイ等の書類による一次審査の上、面接試験ならびに筆記試験の二次審査の結果、総合的に判定される。その中で最も重視されているのが、「創造と変革」の「志」を問う面接であるとのことである。堀学長によれば、起業家としての能力とエネルギーを持った学生を選抜することで、教員と学生が一体となったエネルギッシュな学風を培い、

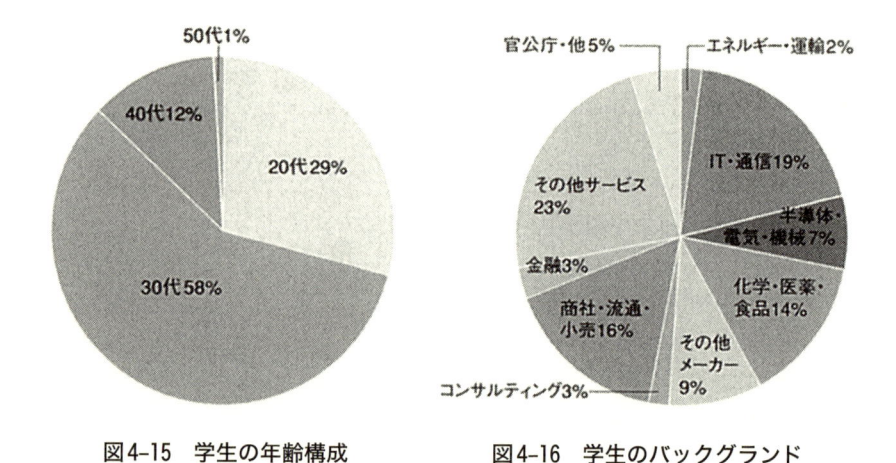

図4-15 学生の年齢構成　　　図4-16 学生のバックグランド

　それがさらにはグロービスのブランド力向上へとつながっていくと語る。
　また当大学院の入学の形態には、はじめから入学試験を受けて大学院本科生になる方法と、最初は入学前に単科生として受講するという2つの方法が用意されている。後者の単科生制度というルートは、大学院入学前に他の正規のMBA生と一緒にまったく同じ授業を、一科目から受講できるシステムであり、講義内容や学生層を勘案した上で受験を決定できるメリットがある。さらに、大学院本科生入学日からさかのぼって5年以内に取得した単位は、同大学院の修了単位として持ち越すことができ、単科生として成績が優秀であれば、大学院入試の審査項目（論理思考力テストと推薦状）が免除になるといったメリットもある。当大学院は入学費が2万円と他校に比べて入学への敷居は高くはないが、MBAという大きな買い物をしようとする学生にとっては、このトライアルの制度は好評とのことで、実際に学生の約半分はこの単科受講経験者だと言う。こうしたシステムは、グロービス・グループの有機的な連携の賜物であると言えよう。

(4) アジアNo.1スクールへの布石と課題

　さて、グロービス・グループのこの15年の歩みは、まさに堀学長の起業家

としてのサクセスストーリーとも重なっているが、しかし堀学長によれば、この専門職大学院の設立は30年計画の中途段階でしかないとのことである。今後は、先述の4つの既存のスクールを統合した上で、入学定員を倍増させて規模を拡大するとともに、現在のような社会人対象の土日開講を主体とした運営から全日制へとシフトさせたいとのことである。またカリキュラムとしても、来年4月から開設する「インターナショナルMBAコース」を基盤として、英語のみによる授業形態へと徐々にシフトしていくとのことである。その地固めとして、2008（平成20）年4月1日付けで、世界のトップビジネススクールでの教鞭経験を持ち、日本への造詣も深いジョン・C・ベック氏を研究科長に招聘している。

　こうした規模の拡大とカリキュラムのグローバル化という、同大学院の量と質の双方に関する将来計画は、堀学長が描くアジアNo.1のビジネススクールへの布石であることは間違いない。そして、その実現のためには何よりもアジア各国への売り込みが重要だと堀学長は語る。国内外の媒体に広告を打ち、国際カンファレンスでの招待スピーカーに応じることなど、学長自らの地道なマーケティングが必要であり、実際に積極的に活動しているという。

　伝統とブランド力に頼らず、ビジネススクールが本来果たすべき実践的な能力の（再）開発・訓練にリソースを最大限投資する。こうした同大学院の戦略は、これまで非常に成功してきており、またそれを教育者としての責務とする学長の姿勢には一種の潔さすら感じる。

　しかし、専門職大学院が持つ制約とまたその制度が発展していく際の組織的な転換点については、今後大きな課題となろう。まず、専門職大学院は設立後5年以内に外部評価機関からの認証評価を受けなくてはならない。今のところ筑波大学、青山学院大学などが平成17年度から「ビジネススクール教育の質保証システム開発」への取り組みを開始し、これと並行してアジア諸国を中心とした国際的な経営系大学院の認証評価基事業を行うためのABEST21を設立し、現在では30数校の経営系大学院が加盟している。またこのほかに、大学基準協会も経営系専門職大学院の認証評価機関として名乗りを上げている。こうした認証評価機関による基準によって、同大学院の特

長である実践的なカリキュラムは、どう影響を被ることになるだろうか。また、これまでの学生はほとんどが職を持った社会人学生であったが、全日制への移行によって、様々な学生サービスへのコストが生じてくるだろう。たとえば、在学中及び卒業後のキャリア支援であるが、実はこれまで同大学院はグロービス・マネジメント・バンク (GMB) というグロービス・グループの人材紹介事業が卒業生のキャリア支援を行ってきたが、この3月末に終了してしまった。学校法人化に伴い、グループ内の資源を集約すべきとの経営判断に基づくものということであり、かわって他の人材派遣会社との提携でカバーしていくとのことだが、全日制化となれば有職者の割合が減少するため、学内でキャリア支援のシステムが必要になってくるだろう。さらに、規模拡大に伴って、今の緊密な学長—教員—学生間の私塾的な関係性も、否応なく変容せざるを得ないだろう。同大学院が誇る熱い「志」を持った学生と教員のエートスもまた、変化していくことになるのではないか。

　教育機関はその発展の過程で、常に外と内の変容に直面する。しかし、グロービスの場合、ただこうした障壁も、これまで培ってきたノウハウによって難なく乗り越え、むしろそれをさらなる発展へのマイルストーンとしてしまうように思われる。アジアNo.1に向けての次なる新機軸は何か。同大学院の今後10年が、心から楽しみである。

10. グローバルな視野をもったローカルな起業人材の育成
　——事業創造大学院大学

　日本には、起業家精神の持ち主が少ないと常々指摘されてきた。しかし、近年のIT起業家の事例にみるようにITの発展は起業を確実に容易にしたうえ、税制や法制度の改正が後押しして、起業はちょっとしたブームになった感がある。それを反映してか、大学で起業に関する科目を開設するところが増加している。知的で都会的なイメージに包まれるようになった起業であるが、1,000に3つ当たればよしとさえ言われるほどの、先の成否が読めないリスクある活動である。果たして、そうしたものを大学で教えることができ

るのだろうか。学問的知識の体系的修得をめざす大学教育と、起業という経済活動はどの程度親和的なのだろうか。この問いに答えようとしているのが、新潟県にある事業創造大学院大学である。

(1) 新潟で起業家を育成する

　事業創造大学院大学は、その名の通り起業家や実業家の育成を全面的に掲げた MBA プログラムをもつ専門職大学院であり、事業創造研究科事業創造専攻という1研究科1専攻からなる。「大学院大学」という名称からわかるように、その下に学部をもっていない。また、設立母体は学校法人新潟総合学園であるが、NSG グループといった方が少なくとも新潟県では通りがよい。NSG グループとは、新潟県を中心に教育サービス事業、医療・福祉サービス事業を手広く展開している企業グループである。教育サービスの分野では、専門学校、学習塾、資格取得スクールを中心に運営し、専門学校のシェアは県下一である。その NSG グループは2000（平成12）年に学校法人新潟総合学園を設立し、同年その傘下に新潟医療福祉大学を、そして2006（平成18）年にこの事業創造大学院大学を開設した。学校法人新潟総合学園とは、NSG グループの大学教育事業に関する法人なのである。

　学校法人新潟総合学園理事長、事業創造大学院大学の総長を兼務する池田弘氏は、NSG グループの総帥であり、30年にわたってグループの発展を率いてきた。自ら、新潟という地に根を張って事業を創造し展開してきたというライフ・ヒストリーが、大学院の理念に強く反映している。総長によれば、「新潟の経済は中央依存で創業の風土が弱い、進取の気性のある若者は東京へ出て行って戻ってこない。これでは、新潟は高齢化がスパイラルに進む地域になってしまう。この新潟を何とか活性化したい。それには、新潟で新たに事業を起こす、既存の企業のなかでチャレンジをする、それもこれだけ経済がグローバル化している中、グローバルな視野をもって事業を起こす人材の育成が不可欠である」という危機感と、それを何とか打開したいという熱い思いが、大学院設立の契機であったという。

それ以前から、池田氏のこうした情熱は、県内では「NSG経営塾」や「異業種交流会501」の主催、県外では「関東ニュービジネス協議会」の会長をつとめるなど、起業を応援する事業へと向けられており、起業家を育成する大学院の設立という構想は、そのなかから出てきたものである。ただ、起業そのものは大学院という場がなくても可能である。それをあえて専門職大学院として設立したのは、1つには大学院において理論的に整理する力、課題を抽出する力、先例を分析して学習する力などを涵養し、より効率的に経営のスペシャリストを育成できること、もう1つには、今すぐ起業をとまでは考えていない者でも、大学院での学習が起業のモチベーションやチャレンジ精神を高めるという、起業家精神をもつ層の拡大を狙ったことにあるという。スペシャリストというトップの育成とともに潜在層の拡大という2つの目的の実現を考えたとき、実務家教員を多く擁し、集中的に教育訓練できる専門職大学院という制度を利用することに行き着いたのである。

(2) 事業計画書の作成

では、そうした思いをどのようにカリキュラムに落とし込んでいくか。冷静な分析にもとづく実効性の高い内容が求められる。それを担当してきた1人が、開学時のカリキュラム編成や教員集めの段階から企画・運営に関わられ、2008（平成20）年4月より学長に就任した湯川真人氏である。金融業界出身の湯川氏は、これまで大学経営や教育との関わりはなかったが、長く資産運用を担当した経験から新規事業の成否を見きわめることにかけてはプロである。その意味で事業創造を理念とする大学院に何ら違和感を覚えることはないと言う。

カリキュラム編成にあたって参考にしたのが、アメリカのバブソン大学である。開学前に教育内容について相談していた一橋大学大学院国際企業戦略研究科の教員たちから、バブソン大学は、100年を超える伝統がありアントレプレナーシップで世界1位にランクされるビジネススクールであることを教えられたことで、実際に訪問しカリキュラムや指導方法などを詳細に調査

第4章　それぞれの舵取り　141

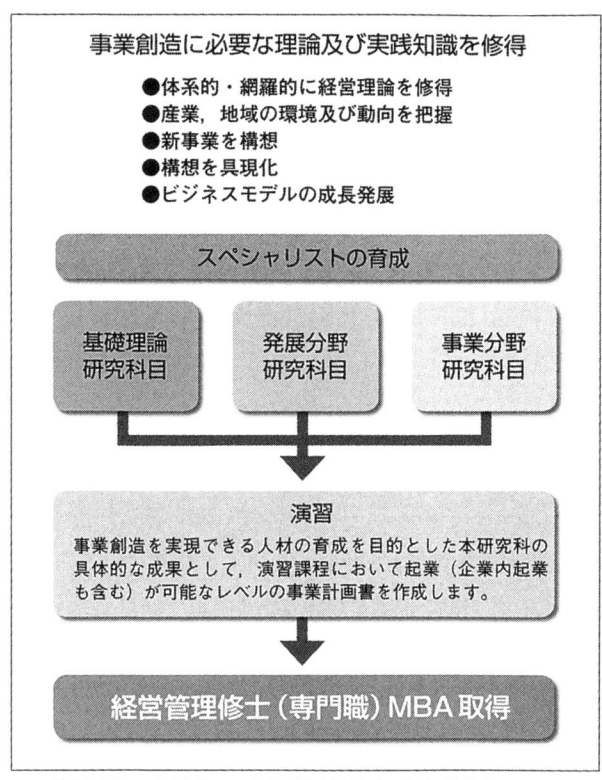

```
事業創造に必要な理論及び実践知識を修得
　●体系的・網羅的に経営理論を修得
　●産業，地域の環境及び動向を把握
　●新事業を構想
　●構想を具現化
　●ビジネスモデルの成長発展

         ┌─────────────────┐
         │　スペシャリストの育成　│
         └─────────────────┘

  ┌────────┐  ┌────────┐  ┌────────┐
  │基礎理論 │  │発展分野 │  │事業分野 │
  │研究科目 │  │研究科目 │  │研究科目 │
  └────────┘  └────────┘  └────────┘
         │         │         │
         └─────────┼─────────┘
                   ▼
  ┌──────────────────────────────────┐
  │              演習                  │
  │事業創造を実現できる人材の育成を目的とした本研究科の│
  │具体的な成果として，演習課程において起業（企業内起業│
  │も含む）が可能なレベルの事業計画書を作成します。   │
  └──────────────────────────────────┘
                   ▼
  ┌──────────────────────────────────┐
  │    経営管理修士（専門職）MBA 取得    │
  └──────────────────────────────────┘
```

図4-17　カリキュラム（平成20年度春学期）

し、事業創造大学院大学のコンセプトを固めていった。バブソン大学とは3年間のアドバイザリー契約を締結しており、教授陣の来日によってFD（ファカルティ・ディベロップメント）のための研修会やエグゼクティブのための特別講座を開催している。

　カリキュラムは3層で構成されている。経営論、企業会計、マーケティングなどの「基礎理論研究科目」が土台となって、その上に、ベンチャー企業論、ITマネジメント、地域企業経営論などの「発展分野研究科目」が各論として置かれ、さらにビジネスプラン作成法、流通フランチャイズビジネス、健康ビジネス創造論などの「事業分野研究科目」が具体的な事業展開にむけての方法論として提供される。

これらの科目とは別に、必修の演習科目として事業計画書の作成がある。学生が卒業後に実現したいビジネスをテーマとして選定し、1年半かけて実効性あるプランを作成するものである。専任教員がマンツーマンで指導し、必要に応じて学外の有識者からのアドバイスが与えられるという手厚い指導体制がある。起業というミッションをもっとも体現しているのがこの事業計画書の作成であり、それに収斂するように3層の研究科目が配置されている。

実際に2年間カリキュラムを運用すると新たな問題点が見えてきて、さらなる改善を考えていると湯川学長は話す。たとえば、発展分野研究科目は、地域経済産業に関する科目、中小企業の経営に関する科目を厚くするとともに、経営論であれば、それをリーダーシップ論、コーポレートガバナンスなどに分化し現代の企業が抱えている問題に対して実践的にアプローチする内容とする。また、福祉、健康、フードビジネスと分化している事業分野研究科目に、各業界を俯瞰しポジショニングを理解する内容を盛り込んで膨らませるといった、よりプロフェッション性を高めることをめざしているという。

(3) 起業のためのサポート・システム

常識的に考えて、誰もが2年間の学習でもって起業できるようになるほど現実は甘くはない。2008（平成16）年に修了した第1期生52人のうち、事業計画書にもとづき起業を準備しているのが3人、その芽が見られる者まで含めても5人程度だという。しかし、伝統あるバブソン大学でも修了生の起業率は15％程度ということであるから、なかなかの成果ということができよう。また、起業の志をもった修了者を対象にした、フォローアップ委員会と称する研究会で継続して起業のための指導がなされており、現在ここに7～8人の修了生が集まってきている。

事業計画を立てても元手がなくては起業できない。そこで、優秀な事業計画書に対しては、起業資金を援助する制度が設けられている。これは投資事業有限責任組合という1億円ほどのファンドであり、総長をはじめ地元有力企業オーナーの出資によるものである。こうして起業した会社は、次世代へ

投資資金を提供できるほどに成長することをめざして、起業後も教員などから継続的にアドバイスを受けることができる。起業のための指導、起業後のアドバイスなど、2年間の教育期間修了後も実践的な指導体制が構築されている。

また、企業実習制度という、県外からの入学者を対象にしたサポート制度がある。授業は、有職者を想定して平日の夜間と土曜日に開設されている。それでも通学できない者に対して、県内での仕事をあっせんすることで、大学院への通学を可能にする制度である。学生にとっては、通学の経済的負担が軽くなるだけでなく、企業で働くことで学習の実践性を高めることができるという一石二鳥になるといえよう。

県外在住者に対する教育機会の拡大という点では、東京と長岡にサテライト・キャンパスがあり、テレビ会議システムを通じて新潟での授業をリアルタイムで受講できる。サテライト・キャパスは、近々、郡山にも開設予定である。学習の深化を促進するため、ほぼすべての授業は録画され、そのDVDは、復習用に、あるいは欠席した授業の自習用に、学内で視聴することができる。

このように、大学院入学から修了後まで、起業のための各種サポート制度があることがこの大学院の特徴の1つである。志をもった者を幅広く集め、その実現のために時間をかけて丁寧に支援することは、大学のミッションの実現のための「戦略」である。

(4) 多彩な実務家からなる教員集団

学長自身がそうであるように、研究者としての経歴をもった教員はあまり多くはない。事業創造というミッション、実践性を求められるカリキュラムは、起業経験、事業経験のある者によって遂行可能と考えるからである。専門職大学院という制度を利用したのも、実務家教員を置けることが1つの理由だったという。幸い総長や学長の人脈や、東京からわずか2時間で結ばれる距離が功を奏し、第一線の実務家を揃えることには、あまり苦労がなかっ

たそうだ。むしろ、大学設置基準にしたがって博士号をもった研究者教員を揃えることの方が大変だったという。現在、学長を含めて17人の専任教員を擁しているが、このうち大学での教育研究を主にしてきた教員は5人に過ぎない。

また、2008（平成20）年度は15人の非常勤教員がいるが、このうち11名は産業界関係者である。加えて、客員教授として32名が委嘱されている。客員教授は、土曜日に開講される特別講義を担当する教員であり、全員が産業界関係者である。全国レベルの一部上場企業、新潟に拠点を置く中堅企業、ベンチャー企業と多様な領域から、これら非常勤教員や客員教員を招聘しており、その顔ぶれは多彩である。

このように、教員集団の多くが産業界関係者で構成されていることが、この大学院の大きな特色であり、そうした教員の起業経験、事業経験の息吹に触れることで、学生は起業に対する関心を高めていくのであろう。非常勤教員や客員教授といった制度を利用すれば、産業界のそのときどきの第一人者を招聘することができる。コアとなる専任教員以外の部分に柔軟性をもたせる教員配置でもって、起業のための教育というミッションを遂行しようとしているのである。

(5) 学生のプロフィール

こうしたミッションに魅力を感じる学生は、どこから集まってくるのだろう。2008（平成16）年度の在籍学生数は81名で、ほぼすべてが社会人であるが、そのうち企業派遣の学生が50名強である。企業派遣とは、地元企業や自治体から学生を派遣してもらう制度であり、60社弱からの派遣を受けている。企業派遣の学生の場合、授業料は企業負担、自費負担それぞれであるが、NSGグループ企業の社員が派遣される場合は、学費や入学金を半額免除とする措置をとっている。

企業派遣の学生は、起業予備軍、あるいは、将来、企業の起爆剤となる人材とみなすことはできるが、必ずしも起業を目的としているわけではない。それでも大学院で学習する意味は、事業計画書の作成を通じて、外部需要の

把握、新規事業に必要な設備投資やその他のコストと収益とのバランスを計算するというプロセスを踏むことにあり、論理的に考える訓練は企業内で仕事をするうえで生きてくるという。

サテライト・キャンパスがあることで、首都圏在住の学生も20名弱在籍している。ここには起業希望者、すでに起業をした者が多く、企業派遣の学生とはタイプが異なり相互によい刺激を生み出しているという。留学生の存在も忘れてはならない。2008（平成16）年度は30名の入学者中7名が留学生であり、ベトナム、ミャンマー、インドと東南アジア出身者が多い。環日本海という立地を活かしてこれからも留学生の誘致には力を入れていく方針だという。

どの教職員も口を揃えて、学生は大変勉強熱心であると言う。おそらく社会人にとって、仕事の世界とやや抽象度の高い大学院の世界を交互に往復する生活が、勉学への熱心な取り組みにつながっているのであろう。

(6) ビジネスの世界の共通言語は普及するか

国際戦略デザイン研究所というコンサルタントは、日本のMBAプログラム64専攻に関するランキングを行っている（http://www.isd-r.com/mot/rank/mba.cgi）。その2008（平成16）年度版によれば、事業創造大学院大学は15位にランクされている。老舗の研究大学のMBAプログラムが並ぶなかで見事な健闘ぶりである。一定の評価を受けつつも、残念なことに、まだ、それは学生数の増加に結びついていない。学生募集のための企業回りや入学者選抜の複数回実施などの対策はとっているが、定員80名を満たすには至っていない。新設大学でまだ知名度が高くないこと、新潟という地方都市であることなど、この大学院の個別事情もあろうが、他のMBAプログラムでも定員を満たしていないところは少なくない。

日本では、社会人が大学へ戻って学習することがどのような付加価値をもたらすのかについての、社会的な認識が成立していないこと、言い換えれば、社会人に対する教育の投資効果がよく見えないことが、専門職大学院の価値

を高めない方向に作用しているのである。湯川学長によれば、MBA とはビジネスの共通言語を学習する場だという。それは企業が困難を抱え問題解決が必要になったときにより有効に働くものであり、日本の産業界は、今こそ、そうした共通言語が必要になっていると言う。危機を乗り切るときこそ、合理化を図りサバイバルに必要なものを選択するといった行動が求められ、それには大学院教育での論理力を高める訓練が役に立つのであろう。

　幸い事業創造大学院大学は、産業界から多くの教員を招聘している。産業界と大学院とを架橋するこうした教員が、社会人が再学習することの価値を自らの実践のなかで創造する鍵になるだろうし、大学院修了者のネットワークが構築されていくにしたがい、その社会的プレゼンスは高まるであろう。開学して3年目、まだ投資の期間である。この大学院自体が1つの起業であり、今後、事業計画書にしたがって事業が軌道にのって効果を生み出すまでの着実な歩みを見守りたい。

11. 出口ニーズに見合う IT 人材の育成
―― 神戸情報大学院大学

　メールやウェブなしに暮らしていた頃のことが昔話として語られるほどに、われわれは IT がないと社会生活から取り残されてしまうようになった。わずか10年ほどのことである。こうした日常は、日進月歩の技術開発にしのぎを削る IT 産業あってのことであり、その IT 産業は日本の今後の経済競争力を支える一翼でもある。華やかなイメージが先行する IT 産業だが、実のところ質量ともに高度な人材は不足し、経済界ではそれが深刻な問題になっている。総務省のデータによれば、IT の中級レベル人材で16万人、上級レベルになると26万人も不足しているとある。こうした状況を救うのは、やはり教育機関による人材養成しかない。そう考えた神戸情報大学院大学は、専門学校の長い歴史の上に、専門職大学院を設立した。

(1) 不足するIT人材と大学院の設立

　神戸情報大学院大学の設立は2005（平成17）年4月である。大学設立行動の多くが、学生の教育需要を予測し、それに見合った教育内容を編成するのに対し、神戸情報大学院大学は、その逆の方法をとった。すなわち、不足するIT人材の育成にターゲットをあて、まずその人材に必要なカリキュラムを編成したことに特徴がある。入学者の需要を入口だとすれば、卒業生を送り出す出口は社会である。その出口のニーズに見合う専門職大学院をつくるという手法は、専門職大学院の本来の目的にもかなっているということができる。

　しかし、それだけで、専門職大学院は設立されたわけではない。そこに至る経緯を、もう少し詳しくみてみよう。神戸情報大学院大学の母体は、専門学校としてほぼ半世紀の歴史をもつ神戸電子専門学校である。1958（昭和33）年に設立された神戸電子専門学校は、テレビなどの放送技術者や電気工事士を育成する各種学校としてスタートしている。その後、まだ、電子計算機とよばれていたコンピュータの分野にいち早く進出し、コンピュータ技術者、それも主力をソフトウエア・エンジニアリングとして技術者育成を行ってきた。専門学校では、ここ10年ほど、文部科学省の予算による教材開発事業に参加してきた。他の専門学校や企業との共同による教材開発を進める中で、産業界と学校との間に人材育成に関する共通認識がないことに気づき、次第にどのような人材を育成するか、そのためのスキルセットは何か、カリキュラムをどのように体系化するかといった問題を考えるようになったという。専門職大学院設立に至るまでには、こうした約10年間の前奏曲があった。

　ただ、専門学校では、産業界が求める高度な人材を育成するには、やや尺が不足していると思いあぐねていた。そうこうしているなかで、専門職大学院制度の議論がはじまり、それを注視しつつ、専門職大学院の設立に着手していった。専門職大学院という制度が、これまでの議論や構想を、うまい具合に形のあるものとして、実現させてくれたといってもよいであろう。

(2) ITSSにもとづくカリキュラム

　一口にIT人材といっても、分野もハードからソフトまでさまざまであり、スキルのレベルもさまざまである。経済産業省は、2002（平成10）年にITスキルの指標として、ITSS（IT Skill Standard）を発表しているが、それによれば、スキルレベルは1から7までに分かれており、エントリレベルといわれるレベル1ないし2はむしろ人材過剰であり、レベル5から7のハイレベルでは人材不足という需給のミスマッチが生じている。ITSSでレベル4以上は、完全な売り手市場だそうだ。神戸情報大学院大学では、ITSSで定義されている「ITアーキテクト」の育成を想定し、売り手市場であるミドルレベルにまで学生を引き上げることを目標とした。

　「ITアーキテクト」とは、顧客の要求を情報システムやソフトウエアとして実現するためには、どのような技術要素が必要かを決定する専門職と定義されており、各種のIT技術を総合してビジネスの要求に応えるという点で、マネジメント能力も要求される。

　それに向けて編成されたカリキュラムは、プログラミング、ネットワーク、オープンソース・ソフトウエアなどのITの応用技術から、情報アーキテクチャといわれるマネジメントの領域まで広がりをもち、それらを総合するためのPBL（Project Based Learning）で仕上げをする。

　興味深いのは、これらの教育内容の編成方法である。多くの大学で採用されている2期制ではなく、1年を6期に区分している。講義科目は週2回、実験・実習科目は週4回の授業を組み、約2カ月で1科目を履修する。第1期が講義科目、第2, 3期が実験・実習科目で編成されており、講義科目の履修が終わったら、それに関連する実験・実習科目を履修するという仕組みで半年で、理論から実技習得までが完結する。

　このようなカリキュラムを編成するまでには、日本IBM、富士通、日立、NEC、NECソフトウェア、グローバルナレッジネットワークなどの企業と「IT専門職大学院産学協同会議」を設置し、そこに総務省などのオブザーバーとして参加を得て、大学院の設立やカリキュラム編成に関して議論を重ねた。

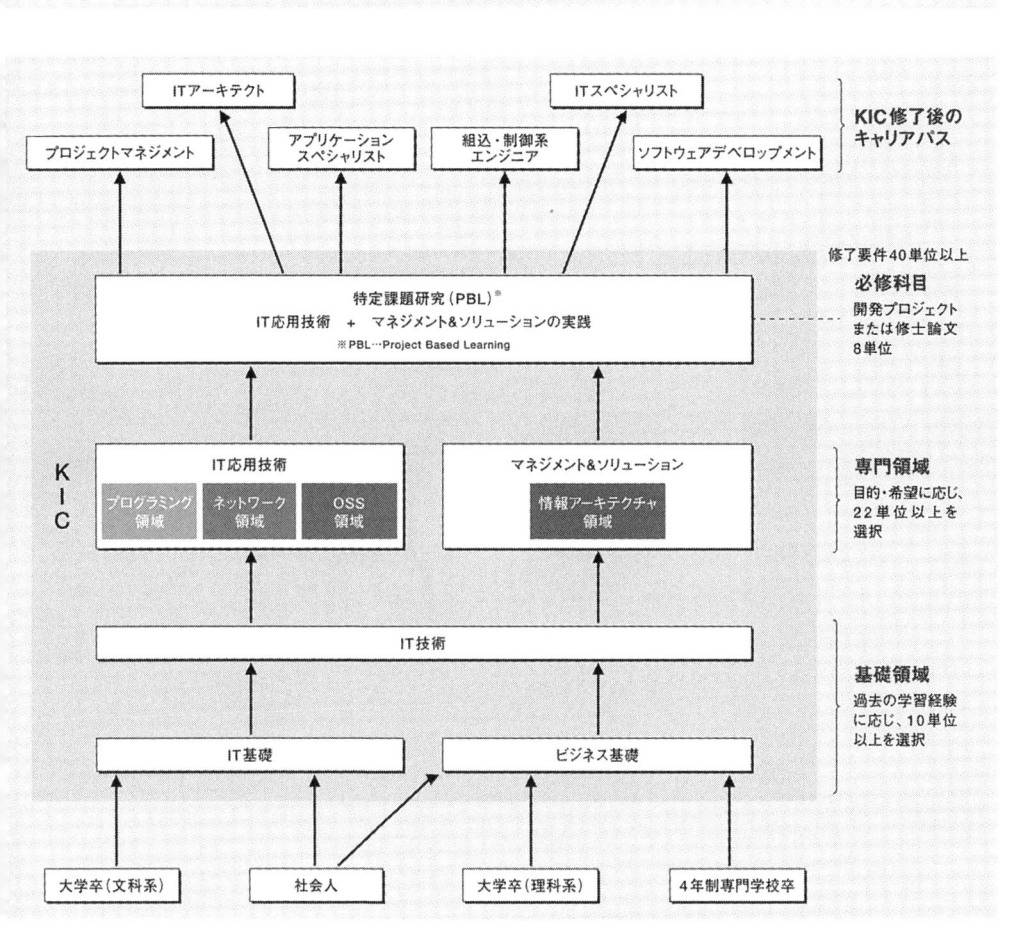

図4-18　カリキュラムとキャリアパス

　こうした会議での協同によって、産業界からの教員を招くこともできたといった思わぬ副産物もあった。
　また、ここではオープンソース・ソフトウエアの技術を採用していることにも特徴がある。Linuxに代表されるオープンソース・ソフトウエアは、設計図にあたるソースコードが公開されており、誰でもそれにアクセスして改

良を加えることができる。システム開発で活用するソフトウエアの内部構造を知ることで、「自分1人でも最後まで責任をもてるレベルの技術者」を育成しようと考えたのだと、専門学校の校長の福岡壯治氏はいう。

(3) 大学法人への転換

　大学院のカリキュラム面での構想を練っていったのが校長であるとすれば、専門学校に大学院を付設するという事業の経営面を担ったのが、大学院の事務局長の福岡賢二氏である。校長と事務局長とは兄弟であり、その父親の福岡富雄氏が、現理事長であり神戸電子専門学校の設立者である。

　専門職大学院を設立するにあたり、専修学校法人を大学法人へと移行し、その法人の傘下に専門学校と専門職大学院の両方を置くという、経営の転換を図った。専修学校が専門職大学院を設立する場合、専修学校とは別に、専門職大学院だけの新たな大学法人を独立して設置するケースが多い中で、あえて、グループ全体として大学法人となる道を選択した。なぜ、その道を選択したかについては、専門学校の4年制課程の上に、専門職大学院の2年間を連続させようといった考えが根底にあったようだ。母体の専門学校の諸学科の多くは2年制課程であるが、唯一、ITエキスパート学科は4年制課程であり、いわば大学学士課程の4年間と同等の修業年限で人材育成をしているのである。将来的には、その課程から専門職大学院への入学者が輩出される可能性も見越した対応でもあった。

　文部科学省管轄の学校法人コンピュータ総合学園を発足させてからは、経営改革がはじまった。専門学校、大学院はそれぞれの独立性を高めると同時に、法人本部や経営会議を設置して、法人としての経営を考えるようになったという。専門学校のときは教育の現場主導で経営をやってきたため、ガバナンスを前面に出して考えることは少なかったが、大学法人となったことで、それまでの方針を考え直す契機になったと、事務局長は語る。これからますます厳しくなる学校間競争のなかで、生き残り戦略の策定が課題になったということでもある。学校業界では必ずしも馴染みはないが、現在、JSOX法

への対応を考慮した内部統制の構築に着手している。すなわち、企業と同様に、業務やITシステムを可視化し、財務諸表を作成する過程において不正が起こるリスクを識別し、そのリスクが統制されているか明確にするという経営プロセスを学校経営に導入し、より足腰の強い組織になろうとしているのである。

　いってみれば私塾としてはじまり、これまで自家営業的に経営してきた専門学校を、より企業体的な組織に転化しようとする契機を、専門職大学院が生み出したということだろうか。

　カリキュラムの策定から、組織経営の転換まで、用意周到になされてきているようにみえるのだが、その効果はどのようにあらわれているのだろう。

(4) 多様な学生への手厚い教育

　大学院設立にあたって当初想定していた学生は、社会人であった。すでに職業経験をもち、さらにIT技術のスキルアップをめざす者を対象に、ITSSで設定されたミドルレベルに到達させるカリキュラムを編成したのであった。

　しかし、いざ蓋を開けてみると、その目論見は外れた。入学者のうち、社会人は半分、あとの半分は学部新卒で大学院へ入学してきた者だった。社会人の職業も、新卒学生の専攻も、必ずしもITに関連する領域だけではない。このように学習履歴がまちまちである入学者を前にして、想定していたカリキュラムで一斉に授業を開始することは困難であった。そこで、単位にならない補講を相当時間実施することで、ようやくカリキュラムにしたがった授業展開を行うことができた。

　全日制の授業時間割をとっているため、職業を継続しながら大学院で学習することは、まず不可能である。収入の道を絶って学生に戻っている者のことを考えると、なんとしてでも彼／彼女らをミドルレベルに引き上げて、再度社会に送り出さねばならぬという使命感から、膨大な時間をかけ、教員に余分な負担をしてもらって凌いでいるのだという。

　当初は、この補講に相当する内容を、専門学校の教育で充填することも考

えたそうだが、専門学校の授業は通年制であるため、大学院の6期制の中に組み込むことができない。したがって、正規のカリキュラム以外の時間を補講に当てざるを得なかった。

それともう1つ、1学年定員45名を満たすだけの入学者が集まらないという問題もある。少子化のうえ、社会人が大学に戻るという慣行が定着していないといった構造的要因に加えて、景気が上向くと大学院進学者が減少するといった変動要因も、入学者数の伸び悩みをもたらしている。

人手不足の解消という産業界の要請に応え、学生を水路づけて人材供給の役割を果たそうとしている大学院でありながら、想定していた学生は大学院を向いてくれなかった、向いてくれた学生は、モチベーションと吸収力はあるが、補講が必要という二重の悩みを抱えている。

ただ、教員を集めることに関しては、思ったほど苦労はなかったという。10年来の教材開発の中で培った人脈に助けられ、IT人材に関する現状を憂うる産業界からの応援を得て、研究者教員も実務家教員も集めることができた。したがって、教員は定数どおりだが、学生が定員の半数ほどであるため、学生に対する教育はきわめて手厚いものとなっている。経営面での採算を考えれば問題であるが、学生の立場から言えば、これ以上の恵まれた環境はないといってよい。

(5) 専門学校と大学

神戸情報大学院大学は、大学院設立の折にもそうだったが、完成年度を迎えた現在でも、大学の学部をもつことは考えていないという。それは、1つには、すでに専門学校において4年制課程を開設しており、そこで育成すべき人材像を打ち立てているからである。

また、もう1つには、変化の激しい産業界との連携を考えたときに、専門学校の方がその要請を受け止めやすい組織構造があること、すなわち、理事長や校長のトップダウンが通りやすく、組織改革やカリキュラム改革に関してフットワークが軽い構造であることにもよる。

経営陣の話からは専門学校として、出口である産業界の状況を見ながら、それに見合うIT人材の育成に従事してきたという自負を感じることができる。それは翻って、日本の大学は、学部段階でIT人材の育成をどこまでやってきたのかという問題を、突きつけているように思う。

福岡壯治校長によれば、専門学校や大学院のカリキュラムを作る際に、まず、日本の大学の学部教育のなかでモデルを探そうとしたが、産業界の要請に応えられるような体系的なカリキュラムが見つからず、海外大学のカリキュラムを精査し、それらを参考にしたという。もちろん、日本の大学が、IT関連の学問を扱っていないわけではない。ただ、大学の場合、コンピュータ・サイエンスに重点が置かれており、ソフトウエア・エンジニアリングやインフォーメーション・システムにはあまり目が向けられていない、したがって、ハードからソフトへ、そしてそれらの活用といったところまでの体系だったカリキュラムが構築されていない段階にあるという。さらに、専門学校からみれば、大学は研究がメインであり、産業界が求めるITに関する専門職業人を育成する教育に力を入れているところは少ない。

ここ10年ほど、「情報」を冠する大学の学部は急増した。「情報」は、ある意味、先端を意味するキーワードにもなっている。しかし、それらの学部で教える「情報」の定義はさまざまで、IT技術の基礎を教えることをミッションとはしていないところが多いことも、いろいろ調べる中でわかったそうだ。

専門学校の4年制課程を設置するなかで、また、専門職大学院を設立するなかで、大学は産業界の要請に応えていない状況が見えてきたということだろうか。専門学校と専門職大学院とで、大学教育で教えることと職業で必要とされる技術とのギャップやミスマッチを埋めようとしているのである。

それでは、大学は競合相手にならないかといえば、そんなことはない。既存の大学のいくつかがIT関連の専門職大学院を設置しているが、それらはやはり脅威であるようだ。大学と専門学校の知名度の違い、蓄積された資源の違い、立地条件などを考えると、楽観視はできない。出口ニーズを把握し、体系だったカリキュラムをもち、手厚い教育をすることを売りにしても、大学という名に付与された神話のベールを剥ぎとることは容易ではない。

これは、神戸情報大学院大学の事例に限定された話ではない。一般的にいって、専門学校を母体とする専門職大学院は、大学を母体にする専門職大学院との競争で優位に立てないという現状があることは確かである。その原因をここで追究する余裕はないが、専門学校を母体とする大学院は、そのことを忘れてはならない。

　さて、神戸情報大学院大学も2006（平成18）年を完成年度とし、2007（平成19）年度からは、新たなカリキュラムで新規巻き返しを図っている。諸状況を鑑みるに、カリキュラム改革が、すぐに効果を発揮することはないかもしれない。しかし、産業界の応援を受けている、それに見合う人材育成をするという理念は、やはり高く掲げていたい。しばらくは、臥薪嘗胆が続くとしても。

12. プロデューサーをプロデュース
——映画専門大学院大学

　東放学園といえば、放送、映像、音響関係の制作スタッフの養成を行う専門学校であり、その実績は誰もが認めるところである。行定勲や堤幸彦といった映画監督も同校の卒業生である。1972（昭和47）年の創立以来、専門学校5校と中卒者を対象にした高等専修学校1校を擁するまでに成長した。その東放学園が母体となって、映画専門大学院大学という、映画をはじめとする映像コンテンツをビジネスとして流通させるプロデューサーの養成を目的とする専門職大学院を2005（平成17）年に設立した。それも学校法人東放学園ではなく、それとは別に新たな学校法人東放学園大学を設置し、そのもとに大学院を置いた。2006（平成18）年の第1期生は38人と小所帯でのスタートである。研究科および専攻の名称は、映画プロデュース研究科映画プロデュース専攻であり、設立者の映画への思い入れがあらわれている。

(1) 2つの追い風に乗って

　映像を対象にした専門職大学院の設立ははじめてであり、それ以外に大学

院で映像を扱うところは、たとえば東京藝術大学大学院のように映像そのものの制作を目的としている。映像を扱うプロデューサーの養成を目的にした高等教育機関は、日本ではじめてのものである。大学院のコンセプトはどのようなものか、木下豊理事長の言葉を借りて説明しよう。理事長によれば、「世界の市場で日本の映像コンテンツ関係のビジネス展開が非常に遅れをとっておりまして、欧米はともかく、アジア圏の中でも韓国や中国もだいぶ勢いがついてきています。日本としてもなんとかしなくてはいけないと考えたわけです。単にコンテンツをつくるということではなくて、コンテンツを使って事業化、ビジネス化をしていくための総合的な知識や経験をもった人を育て、日本の映像コンテンツをビジネスとして発展させていく。そういう人材育成の場が必要だということになったのです」という。

しかし、この専門職大学院は、これらの制作現場で実務を担うスタッフの養成という東放学園の伝統の上に設立されたわけではなかった。スタッフの高度化という点では、専門学校の卒業者を対象にした夜間の1年課程の研究科があり、そこでCMやプロモーションビデオ、映画のデジタル合成・編集技術などを教えている。それをベースにすることなく、あくまでも映像をプロデュースする人材の養成をミッションに掲げて専門職大学院という形をとった。学校法人東放学園大学という新たな法人による設立となったのは、そのためである。

こうした専門職大学院が設立できたことの追い風は2つある。1つは、2003（平成15）年の専門職大学院の制度化である。規制緩和の一端で、大学がない専門学校でも大学院を設立しやすくなったことは大きい。ただ、これまでの専門学校としての長い実績を考えれば、その過程で大学を、という話になっても不思議ではなく、そうであれば、その延長上に専門職大学院を位置づけることは容易に理解できる。しかし、木下理事長は、「東放学園ではメディアとかエンターテインメントという業界を意識し、その中で専門職の教育をやってきたので、学究的な一般の大学との整合性をとることが難しい。また、大学と専門学校は高校を卒業して入るところであるため、あえて大学をつくるよりも専門学校の方を充実させることを重視してきました。専門職大

学院は、さらに高度の専門教育を行うには非常にいい場であって、大学と違った専門的な人材を養成できる場になるのではないかと考えたのです」と説明する。専門学校の先は、大学ではなく、専門職大学院だったというわけである。

もう1つの追い風は、2002（平成14）年の小泉内閣の「知的財産立国宣言」、2003（平成15）年以来の内閣府の「知的財産推進計画」を受けての、経済産業省から後押しがあったことだ。これは、日本製の映画、音楽、アニメなどのコンテンツを世界のマーケットで流通させることを目的とした経済政策である。コンテンツの流通を担う人材、まさしくプロデューサーを、大学や大学院で養成することが推奨され、経済産業省はそのために多額の予算を投入した。映画専門大学院大学を開設するにあたっても、いろいろな形でのバックアップを受けたという。

(2) ビジネスに特化したカリキュラム

この2つの追い風をうまく利用した離陸であったが、どのような教育をしたら、コンテンツ・ビジネスを担う人材が養成できるのか。カリキュラムをみると、マーケティング、経済、公共政策、会計、法律、財務とビジネス関係の科目が多くを占めている。プロデューサーならではの科目は、「シナリ

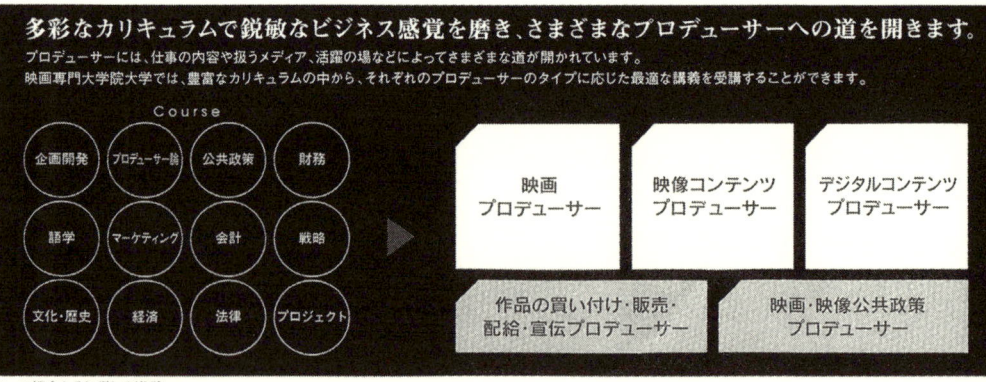

図4-19　コース紹介とそれぞれの進路

オ解析」「キャスティング」のような企画開発に関する科目と、「エンタテイメント産業とマネジメントの役割」「プロデューサーと監督」といったプロデューサー論関連の科目であるが、それらはビジネス関連の科目の3分の1程度である。ビジネス関係の科目には、「映画製作のための○○」といった映像を対象とする科目であることが記されているが、もし、そこから「映画製作のための」という言葉をとったら、ビジネス・スクールと何ら変わらないと言っても過言ではない。

　このようなカリキュラムを編成するにあたっては、日本に参考事例がなく、UCLAやニューヨーク大学などアメリカの大学のカリキュラムを取り寄せて研究したという。しかし、横文字を縦書きにすればすむというものではない。日本の映像ビジネスの慣行という業界独特の常識をにらみながらも、それを変えていくための知識や技術を教えなければならない。そのことを、工藤英博学長は、「実際これからの業界をリードするためには、企画開発ができ、制作を知っていることはもちろんなのですが、そのほかにマーケティング、配給、販売、宣伝プロデュースなどの能力を、部分ではなくてトータルで身に付けることが非常に大事になってきます」と、語っている。

　大学院の理念や育成したい人材像が明確になっていても、実際のカリキュラムを編成する際には、試行錯誤の連続であったようだ。「もともと母体となる大学が設置されていれば、あるいは、専門学校と同様に映像制作を目的とした大学院をつくるというのであれば違うのでしょうが、そうではないため、大学院本来の姿がどういうものかよく分からないところがありました。いわば、全くゼロからの出発でした。」と、木下理事長は補足する。

　ビジネス関連の科目が中心であり、制作を教えるような科目はない。そのことが、大学設置審議会から、制作経験がない者が入学した場合、目的とするプロデューサーの養成が十分に達成できないのではと指摘されることになった。そこで、4月の1カ月間をオリエンテーションにあて、専門学校の設備を利用して映像制作の実習などを行った。大学院と専門学校との直接の連携はないものの、制作過程を知る場が近くにあることはメリットである。

(3) 教員集めの苦労

　新しいコンセプトの大学院を実現させるには、教員が鍵になる。その教員集めには、多くの苦労があったそうだ。専門職大学院の特色である実務家教員については、現役のプロデューサーを、これまでの東放学園人脈には依存せず、木下理事長や工藤学長の業界とのパイプを活用して集めた。これまでのしがらみに捉われることなく、一から始めようとしたということだが、新宿というキャンパスの地の利や、授業は週末が中心で、平日は19時30分からという編成も、9名の経験豊富な実務家教員を揃えることに役立ったことであろう。当然といえば当然だが、これらの実務家教員は、これまで教壇にたって学生に対して講義をするという経験がほとんどない。授業構成とは何か、シラバス作成とは何か、など、大学のカリキュラム編成や授業などのノウハウを覚えてもらうことからはじまった。

　他方、研究者教員に関しては、木下理事長も工藤学長も、その世界とのつながりがない。手探りのなか、特定の人脈や派閥に偏らないように公募をかけて多方面から集めた。採用された6名の研究者教員は、実務家教員と比較すると年齢が若い。研究者としての専門とは別に、映画や映像コンテンツに興味をもつ者が多いため、実務家教員とは互いに刺激を及ぼしあって良好な関係が構築されつつあるという。

　これ以外に、13名の非常勤教員を採用する計画であり、総勢28名で最大160名の学生を教えることになる。単純計算をすれば、学生数に対する教員数はきわめて多い。

(4) 映画に情熱をかたむける社会人学生

　募集人員80名のところ、第1期生としての志願者は52名であった。2006（平成18）年4月からの開学許可が2005（平成17）年12月に出たこともあって、志願者の出足はやや鈍かったが、約800名からの問い合わせがあったという。映像コンテンツのプロデューサーというきわめて限定的な職業だが、それに

興味をもつ潜在的な学生マーケットは案外大きいのかもしれない。52名の志願者を絞って38名に合格を出した。その内訳は、社会人25名、大学の新卒者が13名と社会人が7割を占めている。また、女性は6名、全員が社会人である。他に、科目等履修生が13名、聴講生が6名在籍している。夜間や休日という授業編成の関係もあって、社会人主体の大学院となった。社会人のおおまかな職業構成は、映像業界が約40％、広報・PR関連会社が約10％、IT関連会社が約20％、その他の企業が約30％である。映像業界関係者が多いとはいえ、半数に満たない。意外なことに、東放学園の出身者は、以前に卒業した韓国からの留学生が2名のほかにはいない。映像に直接関係のない業界からの参入者が、多数派を構成しているのである。

映像業界と関係のない社会人が、なぜ、再び大学院に入学してくるのであろうか。斉藤晃事務局長によれば、「学生時代に映画を○本撮りました」、あるいは、「若かった頃はできなかったけど、今になってみると、こういう道もあるのだと思って入学しました」といった学生が、30歳代後半から40歳代にかけて多いという。ちなみに、学生の最高年齢は43歳である。これまで映画や映像と関連した仕事をしたことはないが、映画に情熱をもち続けてきた社会人、第1期生のイメージはそのようなところに結ばれる。

学生は平日の授業でもほとんど休むことなく、21時の授業終了後22時30分頃まで、学生同士で課題について議論を重ねることが多く、授業に対してもさまざまな希望を出すなど、きわめて熱心だという斉藤事務局長の説明に、木下理事長、工藤学長も首肯する。

(5) 就職サポートの重要性

2006（平成18）年8月には就職サポート室を立ち上げた。社会人学生も多くが、映像業界への転職、そこでの起業を希望しており、それを満足させるべく、就職先を探して斡旋するという仕事が、就職サポート室には課されている。映像プロデューサーとしての求人がタイミングよくあるのか、それがあったとして、企業が望む資質を学生は2年間で身につけることができるの

か、いずれも未経験のことばかりであった。

　これまでの映像プロデューサーは、その専門の知識も技術もないままにとりあえず社員として採用して、5年、10年と時間をかけて、徒弟制のように叩き上げて育成してきた。だが、近年、そこまでの余裕がない、できるだけ即戦力になる人材が欲しいという要望が出ており、そこに希望を見出し、業界関係者の支援を期待しつつ、1人1人の就職先を開拓していくという。これまでのところ映画・TV・映像関係の業界への就職は比較的多く20名程度に達している。新たに起業した者も数名おり、専門を深めるべく他大学の大学院博士課程へ進学した者もいる。今後も、修了者の希望をどの程度かなえることができるのか、それは映像業界において卒業者がどのような評価を得られるかにかかっている。そして、大学院の定員を満たすほどの志願者が集まるかも、卒業者の社会的評価にかかっている。この循環がうまく回っていくこと、映画専門大学院大学の成否の鍵はここにある。

(6) 大きな青写真と課題

　大学設置審議会に申請した時点では、通学制で80名、通信制で80名、合計160名の定員での開設を計画していた。ただ、通信制は、時期尚早ということで取り下げることになったが、当初計画そのものを断念したわけではなく、通学制がもう少し安定した暁には、地方在住者、現在の授業時間帯でも制約がある社会人を対象とした通信制の開設を睨んでいる。

　もう1つの規模拡大のためのマーケットは留学生である。とくに東アジア、東南アジアをターゲットにして留学生への道を開くことは、戦略としては重要であると認識している。それらの地域でのニーズは大きい。事実、東放学園では毎年100名程度の留学生を受け入れてきた実績をもっており、そのあたりのノウハウは万全である。出発したばかりの大学院の地歩を固めると同時に、将来の規模拡大を視野に入れた戦略の策定に余念がない。

　そこまでしての規模拡大を図ろうとする理由は、1つには大学院の経営という問題がある。木下理事長によれば、通学制の学生が160名(80名×2学年)

になったとしても、授業料だけでは赤字になるという。収入源としての学生の増加、支出の大半を占める人件費の削減が課題である。これは、映画専門大学院大学だけの問題ではなく、どの専門職大学院にとっても共通の課題である。専門職大学院では実務家教員の給与が低いことはしばしば問題として指摘されているが、他に生計の手段がある実務家教員は低給与に甘んじてもらうというのも、大学の苦肉の策でもある。

財政問題とともに、将来的には競合相手の登場が懸念される。というのは、先の「知的財産推進計画」でも、コンテンツのプロデューサーを養成する大学・大学院の設立が推奨されており、専門職大学院制度は、それを容易にしているからである。また、専門職大学院制度と親和性の高いビジネスの領域からは、今後、たとえば、映像のように対象を特定してビジネスにする、プロデュースするという形での進出が考えられるからである。そうなったとき、後発の大学院が競合相手になる可能性は高く、映画専門大学院大学は、先発としてどのように他と差異化をはかっていくかが問われることになる。とはいえ、まだ、見ぬ敵を案ずるより、まずは、いかに足元固めをするかが先決かもしれない。

東放学園の蓄積を土台とし、それを上に伸ばして2階建てにするという方法をあえてとらず、更地にいきなり2階建ての家をつくり、さらに2階部分を増築する計画を練っている、映画専門大学院大学の行き方は、このように形容できるのではないだろうか。2階部分が大きいゆえの困難があるが、理事長、学長、事務職員の方々の、緻密な計画や熱い心意気が困難を乗り越え、大きな青写真を現実のものとしていくためのドライブになると思われる。

13. 事例からみえた特色
―― 入学者、教育課程、専門職育成

これら11の事例から明らかになったこと、専門職大学院の特徴を、第1章で示した分析の枠組みのうち機関レベルのインプット、スループット、アウトプットである、入学者、教育課程、専門職育成についてまとめよう。

第1の入学者に関していえば、多くが多様な経歴をもった学生を受け入れていることに特徴がある。むしろ、法科に関する未修・既修、会計における公認会計士養成プログラムとそれ以外、教職における現職教員を対象とした1年制、免許状取得者を対象とした2〜3年制、公共政策の実務経験者対象の1年制とそれ以外の2年制などのように、大学院入学以前の学習歴、職歴、あるいは学生の卒業後の目的に応じてコースやプログラムを分化させて、積極的に多様な学生を受け入れようとしているといった方がよいかもしれない。
　専門職大学院では実務経験者と未経験者、専門領域の未修・既修など、学習者の経歴にしたがって異なる教育プログラムが構築されているのであり、これは、日本の教育システムにとっては新しい考え方である。なぜなら、従来の教育システムは、選抜を経た者は経歴に関わらずすべて同等とみなし、学位取得に必要な教育年限を固定してきたからである。もちろん、社会人特別選抜なども一部で導入されてはいたが、それは特定の条件にある者に対する選抜方法を別にしているだけであって、教育プログラムは同等であった。しかし、ここでは、同じ学位取得に至るにも教育年限が異なるのであり、それは従前の経験を教育年限の一部にカウントしていることを意味する。それはまた、教育プログラムの一部が従前の経験で代替可能なものとみなし、到達度が等しくなれば教育年数は問わないといった考え方を胚胎していることを示唆するものである。
　それが実際にうまく機能しているかどうかに関しては、法科大学院にみたように既修者であっても3年制の未修コースに入学する者が多いといったこともあって必ずしも意図が貫徹しているわけではないが、実務経験に応じた教育プログラムという方針そのものは、これからも進んでいくであろう。なぜならミッションに掲げる高度専門職業人の育成とは、教育のアウトプットがより問われるからであり、アウトプットを出せるのであれば、そこへの道筋は多様であってもよいとされるようになると考えるからである。
　第2の教育課程に関しては、どの大学もカリキュラム編成と教育方法に工夫をし、そこに力を入れている。理論と実践の融合、知識量ではなく問題を考える力の涵養をめざし、また、小規模であることを活かしてゼミ形式の授

業で討論を多く取り入れ、現場での実習やインターンシップなどを組み合わせることで、専門職としての職務遂行能力の向上をめざしている。職業の内容を考慮しながら教育内容を編成すること、その際、シーケンスに配慮するといったことは、医療系の専門職などを例外としてこれまで日本の大学ではなかったことであり、これもアウトプットに比重のかかった教育ならではといえよう。

　学生も問題意識をもって入学してくるため、そのような教育内容・方法にくらいつくかのようによく勉強するというのが、どの専門職大学院でも聞かれた学生に対する評価である。

　従来の大学が、体系化されたディシプリンにもとづき教育課程を編成していたのとは異なり、育成すべき専門職に必要な要件から教育課程が編成されることが専門職大学院の特色である。しかし、それは専門職が確立しているところでは可能であっても、未確立のところでは容易ではない。カリキュラム編成にあたって模索中のところは、専門職としての制度化が進んでいないことの裏返してもある。一方で、専門職イメージを構築しつつ、他方で、カリキュラムを模索するという両面からの模索がなされている。アメリカのプロフェッショナル・スクールのそれを目標にするか、参考にはしても日本社会との適合性を重視して独自なものをつくるか、到達点はまだ見えない。

　第3の専門職養成という点に関しては、国家試験がある領域ではその合格率が評価基準になり、そうでないところでは、現場での評価をまつしかない。いずれにせよ、大学院を修了して学歴を取得したということだけで、評価されるものではない。それは、学士課程卒業者、あるいは既存の修士課程修了者の労働市場での評価が、在学機関の威信に左右されることとは異なり、学歴よりも専門職としての職務遂行能力、あるいは、職務遂行のための訓練可能性が問われるようになることを意味する。

　やや埃を被った感のある学歴社会論では、学歴が個人の労働市場における処遇の点のみならず、社会的な評価の点でも、過度に重視されることに対する批判をその論調としてきた。その批判は、学歴が人材選抜の手段として使われることや学歴別の賃金体系などに向けられてきたが、それらはいずれも、

学歴が訓練可能性や職務遂行能力の代理指標として用いられることを批判したものと言い換えることができ、代理指標としての有効性に疑問を投げかける形での批判であったといってよい。すなわち、学歴を重視して、実力を見ていない、学歴では本当の能力を測れないといった類の批判がそれである。

こうした学歴社会論を念頭において考えると、専門職大学院は、これまでの学歴社会論を構築してきた論理を再検討する機会を提供しているということができる。すなわち、学歴とは別の評価軸の存在は、学歴がどこまで代理指標足りうるのか、学歴と異なる「能力」とは何かを検討することを可能とするのである。

しかし、労働市場での評価が確立するまでには、すくなくとも修了から数年のタイムスパンが必要であろうし、修了者がクリティカル・マスに達し、専門職大学院修了者とそうでない者との違いが個人差を超えてみえるようになることが必要である。そういう意味では、まだまだ時間が必要である。

ただ、現実問題として、専門職が確立していない職業領域においては、専門職としてどのような職業遂行能力が必要か、それに向けて学生にどのような教育を提供するのかについての緩やかな合意形成が必要ではないだろうか。MBAのプログラムであれば、個別の機関の多様性が排除されるようなことがあってはならないが、どこかに共通したMBAホルダーのイメージと、それに必要な教育内容のコアがないと、専門職として確立することにはならないからである。これは、個別の機関を超えての設置審査や認証評価の問題とも関わるが、個々の教育機関としてもそうしたスタンスに立つことは必要だろう。

このように、入学者、教育課程、専門職育成のどの側面をとってみても、これまでの高等教育にはなかった新たな考え方が登場している。入学者の従前の経歴に応じた教育プログラム、ディシプリンからのブレークダウンではなく、養成する専門職の要件に対応した教育課程、そのように養成された専門職を学歴ではなく職務遂行能力によって評価する仕組みなど、いずれも、従来の定型的、固定的であった高等教育と社会との関係に変化をもたらす兆しとみることができる。それが、どの程度常態化するか否かは未知数であるが。

第5章　次の港に到着するまで──課題と展望

　本章では、専門職大学院の個別機関の分析を踏まえ、日本の高等教育システムに生じている諸課題と、それらにみられる世界的なトレンドについて考察し、今後を展望したい。第1章の分析の枠組みで素描した、インプット（設置者と市場化）－スループット（専門職育成と知識社会化）－アウトプット（認証評価とグローバル化）の側面で提起された問題が、現在、どのような状況に至ったかを検討する。

　専門職大学院が、大学院拡充政策の延長線上に司法制度改革による法科大学院構想が合流して誕生したことを第1章を中心に論じた。第1章でも論じているが、専門職大学院は、高等教育をめぐる新自由主義的な改革の落とし子として誕生した側面をもつことを、再度、指摘しておきたい。政府による各種の規制を緩和ないし撤廃し、市場における競争に委ねることで社会全体の活力が生まれるとする新自由主義の立場からすれば、大学設置基準は文科省による最大の規制であった。「事前規制から事後チェックへ」を旨として、大学設置基準は2002（平成14）年に準則化され、他方で、2004（平成16）年から認証評価制度が施行されることになった。大学設置に関する規制緩和のもう1つの側面は、2003（平成15）年から構造改革特区において株式会社の参入が可能になったことであった。特区において大学を設立する場合、校地・校舎が自己所有でなくともよい、運動場や空地を不要とするなどの特定措置も設けられた。

　この一連の規制緩和策を利用したのが、株式会社や専修学校法人であり、

2003（平成15）年に制度化された専門職大学院を設立することで、高等教育に参入したのであった。なぜ、専門職大学院かといえば、4年間の学士課程よりも2年間の大学院課程の方が、大学院課程のうちでは従来の修士課程よりも専門職大学院の方が、カリキュラムや教員を揃える点で容易であることによる。また、専門職大学院が社会人を潜在的なマーケットとしていることにも期待があった。さらに、2002（平成14）年の小泉内閣の「知的財産立国宣言」や2003（平成15）年の内閣府の「知的財産推進計画」を受けて、経済産業省は映画、音楽、アニメなどの分野のコンテンツを扱う人材の育成に対する多額の支援をした。これが追い風となって、これまでにない領域での専門職大学院が設立された。第4章で新規参入型の専門職大学院というカテゴリーに属するものは、こうした規制緩和策がなければ誕生しなかったといってよいかもしれない。

　専門職大学院が制度化されたのは、先述のように1990（平成2）年代からの大学院拡充政策に司法制度改革が加わったことによるが、多様な専門職大学院誕生の原動力となったのは、2000（平成12）年頃からの規制緩和政策ということができる。このドライブは高等教育システムにとっては、高等教育外部の力が大きかったという点では外圧であり、そのために、日本の高等教育システムは新たな課題に直面することになった。

1. 設置者と市場化

　株式会社や専修学校法人が専門職大学院を設置して、高等教育の世界に参入したことは、「大学とは何か」という、きわめて原理的な問いを大学関係者に突きつけることになった。大幅に緩和されたとはいえ大学・短大の設置には設置審査があり、その認可を受けねばならない。また、開設後も原則として完成年度までは、設置計画履行状況等調査（通称：アフターケア（AC））を受け、設立当初の計画の進捗状況がチェックされる。設置が認可される場合でも、必要に応じて留意事項が付され、その改善が求められる。この設置認可やACにおいて、異例なほど多くの留意事項が付されたのが、新規参入に

よる設置者が開設した専門職大学院であった。それらがどのような問題を投げかけているか、留意事項として付された内容から以下の4点を指摘したい[1]。

第1は、経営の問題である。ほぼすべての株式会社立機関に、毎年付されている。「大学の継続性・安定性確保の観点から、今後の定員充足の在り方について検討すること」「学校設置会社の経営基盤の更なる充実に努めること」といった記述は、株式会社の経営基盤が脆弱であることを示している。学生の授業料を事業収入とするため、入学者が集まらなければ事業は成り立たない。また、第1章でも指摘されているように、そもそも株式会社立は、文科省からの補助金が得られず、株主への配当が必要なため余剰金を基本金に組み入れることが困難であり、経営基盤の安定性を欠くことが懸念されていた。

株式会社立大学・大学院は7校設立されたが、2008（平成20）年にはLCA大学院大学が撤退し、残る6校中5校が赤字経営であるという（朝日新聞2009a）[2]。2009年にはLEC東京リーガルマインド大学の総合キャリア学部が、赤字を理由に学生募集を中止した[3]。株式会社立の場合、特区の特例措置によって校地・校舎などは自己所有でなくともよく、初期投資を大きく抑制することができる。それでも赤字経営になるのは、何よりも定員充足率が低いことによる。これまでの経営のノウハウが、大学経営には適用されるとは限らないことが実証された形になった。経営を教える専門職大学院が自らの経営のマーケティングに失敗したことを露呈したのである。

第2は、ガバナンスの問題である。従来の大学では想定されなかったことが起きている。具体的に留意事項をみていこう。

「学部の教授会について、これまで教授会規則が存在せず、構成員や議決方法等の定めがないまま意思決定が行われてきたこと、及び専任教員の平均出席率が3割弱と極めて低いことは遺憾である。学校教育法第93条の趣旨を踏まえ、教授会の構成員の出席率を高め、適正に運営すること。また、大学院の教授会について、過去に開催された会議の記録のうち一部が残されておらず、その他についても議決事項等が不明であるなどメモ程度の記録しか残されていない状況となっており、教務に関する事務処理がずさんなので改善すること」「大学運営が事務局中心になっているので、専任教員が中心となっ

て教育研究活動を行うよう各種規程や委員会等を実効性のあるものに整備し、組織的な大学の運営に取り組むこと」「教授会等の役割、位置付けをより明確にするなど、大学の運営体制の充実に努めること」「教学組織の自律性が確保されるよう、適切な対応をとること」「教学側の意向が十分反映されるよう関連規定を整備すること」。

　これらはいずれも教授会を組織化して教学の責任を負うべきことを促す文面である。

　私立大学では、経営の責任は理事会、教学の責任は教授会と棲み分けがなされ、教育・研究に関する意思決定において教授会の権限は大きい。そうした慣行が、株式会社立の場合には反映されていないケースがある。設置者である株式会社の経営陣が大学院の運営を行うことが、半ば当然視されており、教授会の扱いは軽く、教員の運営への参画は重視されていないことを示すものである。大学の常識である教授会の自治は、株式会社の常識ではなく、両者の認識に大きな乖離があることを浮き彫りにした。

　第3は、教員の問題である。「専任教員について、週当たり勤務日数も少なく、月額報酬が低い教員が多数を占めており、また、大学以外にも業務を持っている者がほとんどであるので、教育研究上の責任体制、管理運営への参画、勤務形態・処遇などの面で、専任教員としての位置付けに疑義を生じさせないようにすること」この問題は、専門職大学院の設立がはじまった2004（平成16）年から現在まで、繰り返し指摘されてきた。書類上は専任教員でありながら、担当授業は少なく、給与や研究費は少なく、大学院の運営への参画度が低いという、非常勤講師なみの専任教員が多いのである。そうであるからこそ、上述した教学の責任は教授会にという慣行が行き渡らないのだろう。とくに、専門職大学院の場合、一定割合の実務家教員を抱える必要があることも、この問題を増幅させている。実務家教員のリクルートのプールは、大学以外に本職をもっている実務家に依存している。専任の実務家であっても他に「本職」をもち、余り大学運営には関わらない者が多い。

　この授業に必要な知識をもった者を必要なときだけ雇用すればよいとする考え方は、専任教員は教学の責任者として大学院の意思決定や運営にも関わ

るとしてきたこれまでの大学の慣行には馴染まないものである。しかも大学のこうした慣行は、ある意味、暗黙の了解であった。それは、「大学部門の支出に対する教育研究費の割合が、近年低下傾向にあることから、教育研究条件の充実・向上に留意すること」「専任教員の研究室については、専任教員の役割及び責任の在り方の改善にあわせて、引き続き、大学としてふさわしい教育研究環境の整備に努めること」といった留意事項が付されたことで明白になった。

　どれだけの授業をもつことが専任の要件か、研究費や研究室はなぜ必要なのかといったことについては暗黙の了解があり、それを設置基準で定量的に規定することなど考えてこなかったのである。教員の役割とは何か、専任教員はどの範囲で職務を果たすべきなのかということの再考が求められている。

　第4のカリキュラムに関しては、水準の向上が指摘されることが多い。「科目の充実に努め、いわゆるMBAの学位を授与するにふさわしいカリキュラムを整備すること」「専門職大学院として、よりふさわしい高度な授業科目を整備充実すること」「教育研究水準及び図書・教育・厚生施設の維持・向上が引き続き図られるよう努めること」「高度な教育を行うという設置計画の基本理念・趣旨を踏まえて適切に実行すること」などが、それである。専門学校との差異化、資格予備校との差異化が問われている。大学経験がないこと、専門職大学院の教育内容が、領域によっては定型化されていないこともあって、教育内容の標準を定めにくい面もあろう。

　これら、設置審査やACでの留意事項は、おおむね準備不足や大学の慣行に対する認識不足から生じている事柄だが、それは大学というものが、いかに知られていないかということを逆照射する結果となった。設置基準の規定は、外形的ないし抽象的なものでしかなく、しかも準則化以降、定量的な基準は削除される方向で改正されてきたため、大学という組織内部の日常活動を十分に反映したものではないことはいうまでもない。そこにギャップがあるということを、新規参入者は教えてくれたのであり、これまでの大学設置者はそのギャップを暗黙知でもって埋め合わせていたのである。

設置審査が簡略になった分、留意事項が付されても大学設置は認可されるため、ACでのチェック網は細かくせざるを得ない状況が生じている。これに認証評価を加えることで、ダブルチェックをするか、あるいは、中央教育審議会で議論が進んでいるように、大学とは何かを再考し設置基準を厳格化するかが、当面の対処法であろう。

市場における自由な競争は、活力の向上をもたらすという命題は、現在までのところ実証されていない。そもそも教育という領域でこの命題は成立しないのか、あるいは、学生マーケットが縮減している日本では成立しないのか、考えるべき課題である。

2. 専門職育成と知識社会化

専門職の育成という専門職大学院のミッションに照らしたとき、2つの問題が危惧される。それは、教育活動の成果が、大学という組織の論理で貫徹するのではなく、大学の外側の市場での判断に委ねられるところが大きいことによる。

その1つは、ビジネスをはじめ社会的に専門職が確立していない領域に、専門職養成の大学院修了者を送り出すことであった。確かに、これまで日本の労働市場では、大学院修了者を学士課程卒業者以上の付加価値を認めて採用することはなかった。むしろ、理工系を除いた領域では、修士課程修了者は企業への就職にあたって有利な条件は無いに等しかったといってもよい。また、いったん就職した「社会人」が、学歴の取り直しをすることは、同一企業内にいる限り評価の対象ではなかった。したがって、専門職大学院が「専門職」育成に力をいれても、大学の外部の社会はそれを「専門職」とは認めないという懸念があった。

こうした状況を説明するのは、日本企業には、職務内容が明確なジョブという考え方が弱く、さまざまなポジションを経験することで昇進するからだ、または、社員に対する企業内研修が充実しており研修の外部化の必要がないからだといった通説である。確かに、現時点での他国との比較による横断的

な見方をすれば、上記の説明理由は、日本の特徴を言い当てているだろう。しかし、もう少し長い目でみたとき、こうした状況に今後も変化が生じないか否かはわからない。たとえば、アメリカで隆盛を誇るビジネス・スクールは、19世紀末に登場しているが、それが現在の地位を獲得するのは1960（昭和35）年頃であり、それはまさしくビジネス・スクール修了者が、社会で専門職としての認知を受けたことによる（福留 2003）。また、アメリカでは、ある職業集団が大学を利用して専門職化していったという歴史もある（Bledstein 1976）。また、アメリカと西欧とでは大学と専門職集団の歴史的な関係は異なり、現在に至る道筋は多様である（Abbott 1988）。日本がたどるルートは、1つではないことを歴史は教えてくれる。

　もう1つの懸念材料は、専門職としては社会的に確立しているが、そこに参入できない大学院修了者の問題である。法曹職、公認会計士など選抜度の高い国家試験にパスすることが必要な場合、専門職大学院の修了は十分条件として制度設計されなかった。

　とくに大きな問題となっているのは、司法試験受験に大学院修了を必要条件とし、そのうえ大学院修了後の司法試験の受験回数が5年以内に3回までと制限がついた、法科大学院の場合である。司法試験の合格率が30%程度となったのは、司法試験の合格者枠を大幅に上回る大学院定員となったためである。また、こうした状況を見越して、法科大学院修了者で司法試験に出願しても、実際に受験したのは、2009（平成21）年度で77.3%でしかなく、その比率は年々低下しているという（朝日新聞 2009b）。これは、受験が3回に制限されているため、準備不足と思った者が受験を控えたことによる。その結果は、法科大学院の定員削減であり、2009年の総定員5,765人は2010（平成22）年度から4,700人程度になる見通しだという（YOMIURI ONLINE 2009）。制度設計のミスを修正した形で決着がつきそうだ。

　ただ、この問題は、学歴取得者は司法職以外にその能力を活かす場がない状況にあること、専門職参入のための試験に合格しなければ学歴は無意味であることを意味している。法知識の習得をオーソライズするのは学歴ではなく、試験なのである。

会計専門職大学院の場合は、公認会計士になるためのバイパスが残されたため、会計専門職大学院を経由することは必要条件ではないうえ、会計の専門家として必ずしも資格取得にこだわる必要がないことが、法科大学院ほど問題を大きくしていない。とはいえ、公認会計士に合格するためには、専門職大学院の2年間の学習だけではほぼ不可能であるという、専門職養成に必要な教育期間と大学院の修業年限との齟齬の問題が残っている。

　通常の大学・大学院の卒業者・修了者が、学問的な能力を職業的な能力に転換するのが労働市場であるとしたら、専門職大学院の場合は、職業的な能力をもって労働市場に出るという違いがある。専門職の育成とは、いわば完成品を労働市場に送り出すことであり、教育と労働市場の緊密な結びつきがあるため、労働市場での評価が大学院における教育の評価に直接に跳ね返ってくるのである。大学と労働市場とをいかに結び付けていくか、その新たな方法を考えることが課題である。

　この先には、いったん労働市場に出た者を知識社会の牽引力となるような再教育を専門職大学院が担えるかという問題が残されている。労働市場に出ている者を、再度、大学院が再教育を担うことは、その教育成果の即効性が認められねばならない。知識社会といわれて久しいが、今はまだそれにむけての助走が始まった段階である。

3. 認証評価とグローバル化

　認証評価制度は、規制緩和の一貫として導入されたことはすでに述べたが、専門職大学院に関しては、1つは淘汰、もう1つは機関の社会的認知を高める機能を果たしている。

　淘汰の機能は、法科大学院に対してである。法科大学院の認証評価機関は、財団法人日弁連法務研究財団、独立行政法人大学評価・学位授与機構、財団法人大学基準協会の3つがあり、法科大学院74校中37校が2008（平成20）年に認証評価を受け、最多となった。その結果は、日弁連法務研究財団は7校中3校に、大学評価・学位授与機構は16校中2校に、大学基準協会は14校中

9校に「不適合」の判定を下した。37校中14校が不適合であり、その比率は37.8％にも上る。

その理由は、受験者数が入学定員を割っている中で、入学試験の相対的な上位者を合格とするだけでは不十分、成績評価が客観的かつ厳密に実施されていない、出席率の低い大学院生が定期試験を受験できることは問題、法学未修者の入学者選抜法が不適切など、学生の学力問題を指摘するものが多い。さらに、専任教員の指導力不足、適格性を欠く教員は教員数に算入できず教員欠員が生じるなど、法科大学院の教員としての能力の要件を満たしていないことも指摘されている。

こうした指摘がなされる背景には、法科大学院の定員枠が司法試験合格枠を大きく超えており、法科大学院が多すぎるという批判に対して質の向上を意図していることはあるが、それだけでなく、司法試験に合格しても司法修習生の卒業試験の不合格者が増加傾向にあることが、法科大学院の教育そのものに対する批判のまなざしとなっていることへの対処という意味合いもあろう。2008（平成20）年の司法修習生卒業試験の不合格者は、法科大学院を経由しない旧試験組は71人（4.8％）であるのに対し、法科大学院を経由した新試験組は73人（7.2％）であり、法科大学院は量的規模に加えて教育の質までが問われることになったのである。

法科大学院がその定員を減らすことを決定したのは2009（平成21）年4月であり、厳しい認証評価は法科大学院を淘汰する方向で機能したのである[4]。

もう1つの社会的認知を高める機能とは、経営系の専門職大学院の認証評価にみることができる。経営系の専門職大学院の認証評価は、大学基準協会以外に、新たに2つの機関が設立された。1つは、特定非営利法人ABEST21であり、もう1つが特定非営利活動法人国際会計教育協会である。前者は、ビジネス・スクールのグローバルなネットワークを構築することを目的としており、世界15カ国の30余校のビジネス・スクールがメンバー校となっており、グローバルな視野をもったビジネス教育・研究の発展をめざした活動を行っている。認証評価は活動の1つに位置づけられており、国内機関の認証評価を実施するだけでなく、国外機関の認証評価も行い、評価委員にも国

外のビジネス・スクールの教員を加えているなど、グローバルな視野で評価を実施することを目的としていることに特徴がある。

　後者は、組織そのものは1999（平成11）年に設立され、「質の高い国際会計人の養成」を目的としたさまざまな活動を実施しており、会計専門職大学院の開設にともない、2007（平成19）年に会計大学院評価機構を認証評価機関として設置した。ビジネスのグローバル化は、企業会計の国際標準化をもたらし、日本においても国際会計基準を適用する企業が急増している。そのために、会計専門職大学院でも、それへの対応で国際会計基準に関する教育に積極的になっている。そうした大学院の認証評価機関として、「質の高い国際会計人の養成」を掲げてきた国際会計教育協会が認証評価機関として名乗りを上げたのである。

　どちらの認証評価機関も日本国内に閉じることなく国外機関との連携や国際標準への準拠を掲げることで、大学基準協会の認証評価との差異化を図るとともに、そこでの認証評価を受けた機関の社会的認知を高めようとしている。それは、認証評価という制度が、大学院教育をビジネスのグローバル化や会計の国際標準化へ適応させていくという点での効用があるとともに、グローバル化を掲げることで機関にブランド的な価値を付与する機能を果たしているともみることができる。経営系の専門職大学院の修了者が、専門職として十分な社会的認知を受けるに至っていない状況において、機関にブランドを与える役割はどれだけ低く見積もってもマイナスになることはない。ABEST 21では、メンバーに企業の参加を募り、評価委員に企業人を入れているが、これも、経営系専門職大学院の社会的認知を高めるための戦略の1つになろう。

　このように認証評価が一方では機関淘汰という結果をもたらし、他方では、機関の社会的認知を高めようとして機能していることは、両極端の方策であるかのようにみえて実は、ある共通点をみいだすことができる。それは、どちらも専門職大学院の教育の質を向上させていることを社会に知らしめ、それによって専門職大学院のイメージアップを図ることに寄与しようとしていることである。それがどの程度確実なものになるかが判明するのは、まだ先

のことだが、専門職大学院が社会に定着するか否かの1つの鍵になっているといってもよいだろう。そのときに問われるのは、われわれは専門職大学院をどのようなものにしたいのかということである。

　設置者、専門職養成、認証評価という3側面にわたって、専門職大学院を高等教育システムに位置づけたときの課題を検討してきたが、これらからは第1章の分析の枠組みで示した、近年の市場化、知識社会化、グローバル化といった世界的なトレンドとのかかわりや重なりをみてとれる。3側面の課題とは、大学とは何か、専門職とは何か、専門職大学院とは何かといった問いとなって、それらへの回答をわれわれに求めるものであった。これらの問いは、旧来の高等教育システムの揺らぎと、新生の専門職大学院がまだ浮遊状態にあることの両面から生じる問いであるといってもよいだろう。それへの明確な回答をするには、もう少し時間が必要だが、回答に向けての日々の実践の蓄積がものを言うことも確かである。

　航行をはじめた専門職大学院が次の港に到着するまで、どのような航海をするのか、われわれはそれを見守るとともに、時には航路を照らす灯台の役割を果たさねばならないのかもしれない。

【注】
1　本文中での留意事項の引用は、文部科学省『設置計画履行状況調査（アフターケア）の結果』(http://www.mext.go.jp/a_menu/koutou/secchi/06122512.htm)による。
2　朝日新聞の記事によれば、これは文部科学省の発表によるという。
3　2009年の時点では、LEC大学の専門職大学院課程は継続している。
4　法科大学院の認証評価の在り方については、文部科学省からとりわけ厳格にという依頼があると、複数の評価機関の関係者はいう。法科大学院の淘汰を意図したのは文科省であり、認証評価制度を利用してそれを実施したということもできる。

【引用文献】
Abbott, Andrew (1988) *The System of Professions,* Chicago: The University of Chicago Press.
朝日新聞 (2009a)「株式会社立代大、はや苦境」2009年6月22日朝刊、15頁。
朝日新聞 (2009b)「4回目司法試験受験率最低77％」2009年6月5日朝刊。

Bledstein, Burton (1976) *The Culture of Professionalism,* New York: Norton.
福留東士(2003)「アメリカのビジネス・スクールにおける専門職教育の構築過程」『高等教育研究』第6集、173-192頁。
YOMIURI ONLINE (2009)「法科大学院定員18％減、10～11年度計画「予定なし」も6校」http://www.yomiuri.co.jp/kyoiku/news/20090423-OYT8T00332.htm.

あとがき

　個人的な話題ではあるが、アメリカのワシントン大学にいる同領域の友人に、日本で専門職大学院が制度化されたこと、現在、その専門職大学院を対象に研究を行っていることを話したとき、彼女は大変興味を示した。サバティカルで日本に滞在した経験をもち、日本の高等教育や大学院修了者の労働市場における処遇などについても一通りの知識をもっている。彼女によれば、アメリカの場合は、専門職団体が自らの地位向上のために高等教育を利用し、それがプロフェショナル・スクールの意味なき興隆につながっているという。職業遂行にそこまでの学歴が必要でないにもかかわらず、専門職としての威信向上のために専門職大学院の設立を促進するというわけである。
　他方、日本では、少なくとも現在までは、まず、専門職大学院を設立し、そこから専門職を作り出そうとしており、アメリカと比較して専門職大学院の手段的効用は明確ではない。しかし、その分、高等教育システムの側の教育に関する裁量権が大きく、どのような教育を行うかは、労働市場からの要請よりも大学自身に依存する。専門職大学院が養成した人材がどのように専門職として認知されていくかが大変興味深いと、彼女は言う。
　私としては、アメリカでは専門職大学院に関する研究はほとんどなされていないという彼女の話が興味深かった。確かに個別の領域のプロフェッショナル・スクールではその教育内容や方法にかかわる研究はなされているが、プロフェッショナル・スクールを横断的に捉える視点や、それが高等教育システムのなかでどのような位置づけをもっているかといった研究はないと教えてくれた。その理由について、彼女はこういう解釈をしている。「プロフェッショナル・スクールに問題がないわけではないが、高等教育システムのなか

ではもっともよく機能しているセクターであることは間違いなく、だから、それを対象にした研究などなされないのではないか。」

この解釈に倣うならば、日本の専門職大学院は、もっと多くの研究がなされてよい領域ということになる。しかし、先行研究でも示したとおり専門職大学院、それもその機能に関する研究は、皆無に近い状態である。本書が誇れるとすれば、専門職大学院の研究に先鞭をつけたということであろうか。

ただ、専門職大学院の機能を本格的に分析しようとするならば、専門職大学院のミッションに倣い、大学院生は受けている教育をどのように評価しているか、大学院修了者が労働市場でどのように評価されるかなど、大学院生や修了者、あるいは、専門職大学院修了者を雇用する企業や団体などを対象にした調査研究が不可欠である。それによってはじめて、日本の専門職大学院の社会的評価が可能になる。この課題については、すでに部分的には取り組んでいるが、なるべく早くまとまりのある形で世に問いたい。

「はじめに」でも記したように、本書の第4章の個別機関を扱った節のうち、創価大学教職専門職大学院と駿河台大学大学院法務研究科以外は、リクルート社の『カレッジ・マネジメント』に掲載したものをもとにしており、ここに初出の一覧を記しておく。

〈初出一覧〉

2. 天使大学大学院助産研究科…『カレッジ・マネジメント』142、Jan.-Feb., 2007
3. 駿河台大学大学院法務研究科…書き下ろし
4. 関西学院大学会計大学院…『カレッジ・マネジメント』149、Mar.-Apr., 2008
5. 創価大学教職専門職大学院…書き下ろし
6. 芝浦工業大学大学院マネジメント研究科…『カレッジ・マネジメント』145、Jul.-Aug., 2007
7. 早稲田大学公共経営専門職大学院…『カレッジ・マネジメント』148、Jan.-Feb., 2008

8. 京都大学社会健康医学大学院…『カレッジ・マネジメント』147、Nov.-Dec., 2007
9. グロービス経営大学院大学…『カレッジ・マネジメント』151、Jul-Aug., 2008
10. 事業創造大学院大学…『カレッジ・マネジメント』152、Sep.-Oct,. 2008
11. 神戸情報大学院大学…『カレッジ・マネジメント』143、Mar.-Apr., 2007
12. 映画専門大学院大学…『カレッジ・マネジメント』141、Nov.-Dec., 2006

　なお、橋本が担当したのは第2章、第3章、第4章2、5、7、8、9であり、吉田の担当は第1章、第4章1、3、4、6、10、11、12、第5章である。
　ふたたび、友人の言葉を借りれば、「日本が学歴社会といわれるのは、大学に入学するまでなのね。大学院の学位が評価されない社会が先進国であるなんて奇妙に思える。そうしたなかで内的な動機付けだけで大学院で再教育を受ける人がいることも奇妙に思える。」奇妙といわれた日本社会であるが、奇妙でなくなる時が来るのだろうか。航行をはじめた専門職大学院が無事に寄港地に到着する時が、その時なのだが、果たして何年かかるのだろう。

吉田　文

索　引

〔欧字〕

ABEST 21　　　　　　41, 137, 173, 174
e‐ポートフォリオシステム　　　　105
EBM　　　　　　　　　　　　124, 130
ITSS（IT Skill Standard）　　　　148
IT アーキテクト　　　　　　　　148
LSE　　　　　　　　　　　　　　123
MBA　　　　　　　　5, 74, 132, 145
MOT　　　　6, 7, 31, 108, 109, 111, 112
MPH　　　　　　　　　　　　　　130
MPM　　　　　　　　　　　　　　117
PBL　　　　　　　　　　　　　　148
NPM（ニュー・パブリック・マネジメント）　　　　　　　　　　　　　95
Science Po　　　　　　　　　　　123
SPH　　　　　　　　　　　　123, 125

〔あ行〕

アクレディテーション団体　　　14, 41
インフォーメーション・システム　153

〔か行〕

会計専門職大学院　　　　　　6, 93, 172
会計大学院評価機構　　　　　　　174
科学技術振興調整費　　　　　127, 129
ガバナンス　　　　　　　　　　　167
株式会社立大学　　11, 25, 73, 132, 165, 167
株式会社立機関　　　　　　　　　167
起業　　　　　　　　　　　　138, 142
技術経営系専門職大学院協議会（MOT協議会）　　　　　　　　　　　114
規制緩和政策　　　　　　　　11, 166

教育特区　　　　　　　　　　　　25
教授会の自治　　　　　　　　167, 168
教職大学院　　　　　　6, 24, 27, 28
グローバル化　　　　　9, 14, 20, 175
ケース・メソッド　　　　　　　　133
研究教員　　　　　　　　　　　　71
公共経営　　　　　　　　　　116, 117
公共政策　　　　　　　　　　31, 74
公衆衛生　　　　　　　　　　32, 74
構造改革特別区域　　11, 25, 131, 132, 165
高度専門職業人　　　　7, 12, 22, 23, 25
公認会計士　　　　　　　6, 31, 93, 172
公認会計士試験　　　　　34, 94, 99, 100
公国際会計教育協会　　　　41, 173, 174
国際会計士連盟（IFAC）　　　　　95
国際教育基準（IES）　　　　　　　95
国際戦略デザイン研究所　　　　　145

〔さ行〕

財団法人大学基準協会　　　　　41, 172
財団法人日弁連法務研究財団　　41, 172
サテライトキャンパス　　　39, 40, 143
市場化　　　　　　　　　　　9, 175
実務家教員　　　　　　　　19, 23, 37, 42,
　　　　　　　　　　66, 68, 70, 71, 168
司法試験　　　　　　5, 26, 74, 85, 91, 171
司法制度改革審議会　　　　　　　26
新自由主義　　　　　　　　　11, 165
スクールリーダー　　　　　27, 30, 102
ストレートマスター　　　102, 106, 107
政策の窓　　　　　　　　　　　　27
設置計画履行状況等調査（アフターケア）
　　　　　　　　　　　　　107, 166

設置審査	166	日本看護協会	84
全国助産師教育協議会	84	日本助産学会	84
専修学校法人	73, 76, 150, 165	日本助産師会	84
専修免許状	7	日本助産評価機構	41
専任教員	23, 37, 42, 66, 168	認証評価	13, 14, 40, 137, 165, 172, 175
専門職	7, 8, 33, 34, 74		
専門職大学院設置基準	27, 37	〔は行〕	
専門大学院	4, 12, 23, 24, 26, 28, 124	ハーバード・ビジネス・スクール	132
総合規制改革会議	10, 14	バブソン大学	140
ソクラテス・メソッド	89	ビジネス・スクール	7, 132, 171
ソーシャル・ローヤー	86	ビジネス・ローヤー	86
ソフトウエア・エンジニアリング		プロフェッショナル・スクール	14, 26, 28, 33, 76
	147, 153	法科大学院（制度化）	4, 5, 24, 26, 28, 34, 85, 171
〔た行〕		ボローニャ・プロセス	20
大学院設置基準	21, 25		
——準則化	165, 169	〔ま行〕	
大学審議会	21-23, 124	マーチン・トロウ	13
大学設置基準	25, 165	みなし教員	37, 38
大学法人	150	メセナ	118, 121
第三者評価（認証評価）	36		
知識社会（化）	9, 13, 175	〔や行〕	
知的財産	32	夜間開講	39, 40
知的財産推進計画	25, 156, 161, 166	ユニバーサル化	13
知的財産立国宣言	25, 156, 166	ユニバーサル・パーティシペーション	13
中央教育審議会（中教審）	12, 20, 24, 26, 27, 42, 47	〔ら行〕	
独立行政法人大学評価・学位授与機構		臨時教育審議会（臨教審）	21
	41, 172	臨床心理	7, 32, 34, 54
〔な行〕		ロースクール	26, 27
日本MOT学会	114		

著者紹介

吉田　文（よしだ　あや）
早稲田大学教育・総合科学学術院教授
　＜主要著書＞
　『大学教育を科学する』（共著、東信堂、2009年）、『IT時代の教育プロ養成戦略』（共著、東信堂、2008年）、『よくわかる生涯学習』（共著、ミネルヴァ書房、2008年）、『大学力―真の大学改革のために―』（共著、ミネルヴァ書房、2006年）、『模索されるeラーニング―事例と調査データにみる大学の未来―』（編著、東信堂、2005年）、『アメリカ高等教育とeラーニング』（東京電機大学出版局、2003年）など

橋本　鉱市（はしもと　こういち）
東京大学大学院教育学研究科准教授
　＜主要著書＞
　『専門職養成の日本的構造』（編著、玉川大学出版部、2009年）、『専門職養成の政策過程』（学術出版会、2008年）、『日本の高等教育政策』（訳書、玉川大学出版部、2004年）など

航行をはじめた専門職大学院

2010年3月25日　初　版第1刷発行　　　　　〔検印省略〕

定価はカバーに表示してあります。

共著者Ⓒ吉田文・橋本鉱市／発行者　下田勝司　　　印刷・製本／中央精版印刷

東京都文京区向丘1-20-6　　郵便振替00110-6-37828
〒113-0023　TEL（03）3818-5521　FAX（03）3818-5514
　　　　　　発行所　株式会社　東信堂
Published by TOSHINDO PUBLISHING CO., LTD.
1-20-6, Mukougaoka, Bunkyo-ku, Tokyo, 113-0023 Japan
E-mail : tk203444@fsinet.or.jp　http://www.toshindo-pub.com

ISBN978-4-88713-960-2　C3037　　　Ⓒ A., Yoshida, K., Hashimoto

東信堂

大学の自己変革とオートノミー——点検から創造へ	寺﨑昌男	二五〇〇円
大学教育の創造——歴史・システム・カリキュラム	寺﨑昌男	二八〇〇円
大学教育の可能性——教養教育・評価・実践	寺﨑昌男	二五〇〇円
大学は歴史の思想で変わる——FD・評価・私学	寺﨑昌男	二八〇〇円
大学改革 その先を読む	寺﨑昌男	一三〇〇円
大学教育の思想——学士課程教育のデザイン	絹川正吉	二八〇〇円
あたらしい教養教育をめざして——大学教育学会25年の歩み：未来への提言	大学教育学会25年史編纂委員会編	二九〇〇円
高等教育質保証の国際比較	羽田貴史	二八〇〇円
大学における書く力考える力——認知心理学の知見をもとに	杉谷祐美子／米澤彰純	三六〇〇円
ティーチング・ポートフォリオ——授業改善の秘訣	井下千以子	三二〇〇円
ラーニング・ポートフォリオ——学習改善の秘訣	土持ゲーリー法一	二〇〇〇円
一年次（導入）教育の日米比較	土持ゲーリー法一	二五〇〇円
大学教育を科学する——学生の教育評価の国際比較	山田礼子編著	二八〇〇円
資料で読み解く南原繁と戦後教育改革	山口周三	三六〇〇円
IT時代の教育プロ養成戦略——日本初のeラーニング専門家養成ネット大学院の挑戦	大森不二雄編	二六〇〇円
津軽学——歴史と文化	弘前大学21世紀教育センター・土持ゲーリー法一編著	二〇〇〇円
大学の授業	宇佐美寛	二五〇〇円
大学授業の病理——FD批判	宇佐美寛	二五〇〇円
授業研究の病理	宇佐美寛	二五〇〇円
大学授業入門	宇佐美寛	一六〇〇円
作文の論理——〈わかる文章〉の仕組み	宇佐美寛編著	一九〇〇円
学生の学びを支援する大学教育	溝上慎一編	二四〇〇円
大学教授職とFD——アメリカと日本	有本章	三三〇〇円

〒113-0023 東京都文京区向丘1-20-6　TEL 03-3818-5521　FAX 03-3818-5514　振替 00110-6-37828
Email tk203444@fsinet.or.jp　URL:http://www.toshindo-pub.com/

※定価：表示価格（本体）＋税